写意政治

近代早期法国政治文化中
的性别、图像与话语

汤晓燕 著

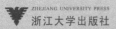
浙江大学出版社

目录

导 言

完成了《革命与霓裳》一书之后，我已经有足足3年没有任何涉及服饰文化的文章发表了。从表面上看，我个人的研究领域似乎发生了不小的转变，实际上，我研究的根本兴趣点依然是政治文化的问题，只不过，从时间段来看，或许有向近代早期迁移的趋势。早在初步接触法国大革命时代的女性服饰中的文化与政治这一研究题目时，我就已经意识到大革命时期许多政治社会问题的根源需要到此前的历史中去探究，所以这种时间上的前移也是自然而然发生的。而且，虽然关注的历史时期发生了变化，但我讨论该时期政治文化的切入点与核心视角仍旧是性别问题。在研究政治与性别的关系的过程中，我也对政治与话语之间的张力产生了浓厚的兴趣。此外，图像资料也始终对我的研究工作起着重要的支撑作用。所以，本书的主要内容便是围绕着法国近代早期政治文化中的三个领域——性别、话语与图像来展开，收录了近几年来在这三个方向上的一些研究心得。至于本书的题目，在我看来，研究和讨论真正的政治斗争与政治事件，就像是画工笔画那样细细描摹与刻画政治最为人所熟知的面貌，而我自己更醉心于徘徊在政治文化的边缘模糊地带，比如政治舞台幕后的女性，比如历史上某一场论战，尝试着用浓淡不尽相同的笔墨去描绘政治的诸多形态与各种投射，去抓住它的"气韵"，或许可以更深入、更生动地理解那个与我们不仅隔着不同的语言与文化，更横亘着数百年历史的时代。

首先谈一下政治话语。政治吸引我之处在于它的多面性。政治人物、政治事件，自有其他研究者深入研究，我感兴趣的是它的话语体系。在一个政治体制之中，话语是如何通过叙述、辩论、批驳等方式来塑造某种政治传统或者意识形态的故事。话语体系分别是被哪些人群所掌握的？他们的意图如何通过话语得以实现，或者如何被不同阵营的话语体系所攻讦？不同的话语体系之间如何并行不悖或针锋相对？而更重要的是下述两点：首先是话语与事件之间的关联，即话语体系与实际的政治局势之间的紧密连接，后者如何影响前者的变化，前者又是如何反过来传播，甚至塑造与支配后者，这是理解政治话语的历史进程的重要环节。其次是新旧话语体系之间的复杂关系。一套新的话语绝非凭空生成，新的话语往往是在不易为人所察觉的过程中，在旧的话语中慢慢孕育并成长，直至最后整个取代旧的体系。在这一过程的不同阶段中，两者之间如何相互作用、冲突直至转化，是理解政治思想观念迭代更新的关键之处。

如同所有的语言体系一样，任何一种政治话语从来都不是连贯的、稳定的，它身处的环境与负载的意义均是变化的。如果说16世纪之前的欧洲民族起源故事多上溯至特洛伊战争乃是希望为本民族寻得高贵祖先，那么18世纪依然有法国学者持此主张，却是以此来反对法国王权受封于古罗马帝国的提法。又如，拥护君主制的观点自12世纪开始便连绵不绝，但早期君主制拥护者的脑海中从未出现过强大的中央集权和官僚体系，他们的理想是有一位明主以美德与审慎、公正与睿智治理国家，代上帝行牧羊之职。这与17、18世纪鼓吹王权至高无上的论点有天壤之别。因此，政治话语并不是简约抽象的观念，它们是具体时代、具体政治语境中的产物，有其特定的对象与意图，理解这些，才有可能真正理解某一特定时期人们的真实想法。

更需要注意的是，话语本身的推演逻辑有时会引发出作者自身并未意识到的方向。这一点在旧制度晚期关于政治制度的讨论中显现得尤为明显。高等法院人士为了对抗王权，引入公意的概念，意在为高等法院的权威性提供支持。但随着政治局势的急剧变化，公意成为第三等级主张平等权利的重要武器。政治话语就这样脱离了其言说者的掌控，向越来越激进的方向发展，最后成为法国大革命激进化的重要动因。

在本书中，我选取了法国旧制度晚期一场宏大的辩论与一个不太为人所知的历史事件，通过对话语与事件的分析来尝试呈现政治话语自身及其与政治局势之间的复杂关系。18世纪初法国人关于国家最初的政体形式展开了激烈的论战。当然，有关法兰克时期政治体制的讨论并非此时才开始，它始于文艺复兴晚期，受当时人文主义影响，法国学者则从历史批判视角剔除了过往叙述中的神话色彩。论战延续至18世纪启蒙时代，思想界分为贵族派与王权派，双方观点对立，但均以古代政体的历史为依据为自身合法性辩护。此后，受18世纪中叶政治局势的影响，启蒙思想中的公意和理性观念渗入论战，使其日趋激化。随着第三等级的介入，历史的合法性逐渐让位于公意与理性，以致历史本身的权威性最终遭到全面否定。这场论战拉开了法国革命的激进主义序幕，并为推翻旧制度提供了丰富的思想与话语资源。这一思想脉络归纳起来看似简单清晰，但在真正的历史过程中，在观念日益激进的18世纪下半叶，政治局势的跌宕起伏深刻影响着观念的演变。50年代中期，高等法院与国王之间的剑拔弩张，促使以法官、律师为首的"袍贵"将国民意愿引进辩论之中，突破原先之限于贵族与王权之间的论战，拓展了历史的主体。70年代的"莫普改革"，导致大批改革反对者聚集成松散的群体，这一群体深受启蒙思想影响。如此，自然理性逐渐成为衡量政治制度的标准，关于制度的辩论逐渐从启蒙和理性的角度寻找新的、更有力的话语资源。于是，在这场历时弥久的辩论之中，我们清楚地看到政治话语与政治观念如何与政治事件之间发生密切的互动。

18世纪的政治话语世界中，除了上述这种广为学者所知的大型论战以外，还有许多在当时掀起了轩然巨波但此后却湮没于历史长河的"热议话题"。而这些话题恰是了解当时的政治话语体系多面性的绝佳途径。关于"热窝当怪兽"的讨论就是其中之一。路易十五执政期间，法国热窝当地区据报出现了食人怪兽，引起民间巨大恐慌，惊动凡尔赛。于是大贵族们率领军队迅速前往猎兽，终于凯旋。今天看来，这件事疑点颇多，但是这个甚至有点荒诞不经的故事在当时却引起了全国上下的关注。表面上看，这似乎只是一个民智未开的可笑传说，但贵族与精英阶层的积极介入又不得不让人对此多几分思虑。联系到法国当时刚刚在"七年战争"中惨败于英国，以保家卫国安身立命的贵族等级急需一场胜利来证明自身存在的价值，那么打败传说中的"食人怪兽"虽说不能挽回"七年战争"失利的局面，但至少在舆论上或许也能挽回几分颜面。因此，"热窝当怪兽"所引发的讨论绝非仅是怪力乱神的民间猎奇，更是一个昔日辉煌与荣耀的等级在其摇摇欲坠的命运之前所做的最后挣扎。英国史家史密斯已对该事件撰写了著作加以详细分析，金玉在前，在本书中，我只是对其大作做一简单介绍及评述，以期国内读者对此略有了解，也是用以佐证这个观点：看似普通的时事话题背后往往与更复杂的政治话语体系互相勾连。

政治与性别之间的关系同样错综复杂，至今，女性主义者内部对于性别不平等产生的根源与伴之而来的历史现象的解释远未达成一致。加之官方档案或者史料中关于女性的部分少之又少，研究性别与政治的关系往往给人一种雾里看花之感。从古希腊城邦开始，西方政治舞台上的主角便是男性，然而女性绝非与政治毫无关涉。在许多隐秘的角落，在舞台的幕后，甚至在某些特定时刻，在舞台的中央，也会出现女性的身影。从14世纪克里斯丁·德·皮桑的《女士之城》开始，法语世界就开始为出色的政治女性著书立传。不过，作者们的眼光始终更多关注历史上著名女性的智慧才能或祸国殃民的行径，往往把女性对于政治的影响归结到她们个体的能力或性格，例如，认为弗朗索瓦一世的母亲——露易丝能够摄政多年是因为其具有卓越的政治才能与高尚的德行，路易十六的妻子安托瓦内特最后被送上断头台则归咎于其爱慕虚荣、奢侈腐化。这样的论断缺乏对于权力的运作与性别之间更深层的分析。因为政治与性别的关系绝非简单的排斥与介入之间的张力，而是一系列更为复杂的界定与塑造、依存与限制、拒斥与合作的关系。

例如，在探索现当代法国女性在政治领域遭遇困境的根源时，不少女性史研究者会把矛头指向《萨利克法典》，将其解释为法国女性被排斥出政治领域的一大缘由。这显然就是把政治与性别的关系简单化为这种观点：女性在政治领域总是被排挤、被压制甚至被禁止的。但是如果仔细研读有关《萨利克法典》在14—15世纪历史的文献，就会注意到事实远非如此简单清晰。一方面，无论是从《萨利克法典》本身的民法性质探究还是从15世纪法国法学家们对其所做的重新阐释去考察，均会发现，作为一部法典而言，它绝不是针对女性涉政而立的。但另一方面，事实上，在法国长达数个世纪的君主制期间从未出现过女王，确实又与这部法典有着莫大关联，它甚至影响到近现代法国女性追求平等的政治权利。那么，这部从16世纪开始被视为法国"基本法"的《萨利克法典》究竟是如何被捧上

"神坛"，成为阻挡女性登上最高权力宝座的有力武器的呢？这就需要回到《萨利克法典》在14世纪初被重新发现的历史语境之中，仔细梳理当时的政治局势以及相关的一系列政治事件，才能看到有些貌似与性别完全不相关的政治事件如何深刻影响到此后数百年间女性与政治的关系。而在充分了解当时及此后法国思想界关于性别与政治的思考与讨论的前提下，才有可能理解这样的影响何以发生。这一经典案例也让我们看到"女性不能继承王位"这样一个原本含混不清的性别政治观念，如何在一桩桩政治事件的演进中，在层层观念的渲染中，摇身变为国家政治特质中的一个基本要素。政治与性别，事件与观念，在此清晰地向我们展示了它们之间的复杂脉络。

不过，整体而言，法国政治史上女性确实处于边缘地带。然而，这绝不意味着女性在政治中就是处于被压制、被剥夺的境地，我们可以时不时看到女性的身影闪现在某些特定时期，而这些大权在握的女性也没有像卢梭或者黑格尔认为的那样，是天生的"政治颠覆者"[1]。恰恰相反，她们以女性的特殊身份，为政治架构的完整性填补了非常重要的部分。本书中关于法国女性"摄政"问题的讨论就聚焦于此。

法国政治文化中具有强大的排斥女性的传统，但同时，法国历史上又有大量女性摄政的现象存在，尤其是在近代早期的16—17世纪，虽然亦有反对之声，然而主流社会却对此大力支持。若从当时的文本材料出发探究这一看似矛盾的现象背后的成因，就会发现，事实上，在性别话语的表象之下，关于国家主权与国王人身之间的关联及其行使权力的分配才是女性摄政问题的核心。这也是法国君主制发展至此阶段的两大特征所决定的：

---

① [美]卡罗尔·帕特曼：《性契约》，李朝晖译，社会科学文献出版社2004年版，第186页。

"家国一体"的概念在政治文化中依然具有重大影响；与此同时，王权日趋强大与成熟。关于女性摄政的论战，实际上是在国家权力架构日趋成形的过程中，关于国家最高权力归属与如何行使的一场讨论。由于讨论从女性摄政的角度展开，因而又介入了性别意识形态的层面，政治讨论借由性别话语展开。

关于摄政问题争论的核心问题便集中体现为：在国王尚未具备亲自掌权的能力之时，究竟该由谁来代替他行使国家的最高权力？换言之，争论的关键不在于应不应当有摄政，而是国王的母亲是否为合适的摄政人选。事实上，在女性摄政的支持者看来，摄政之人并非其自身在统治，而只是在替国王执行权力，真正的统治者乃是国王本人，因而他们所臣服的只是国王本人的权威，而绝非代行其事之人。概言之，王位的神圣性与象征性在此时已经与实际的统治行为相分离。从另一方面而言，恰是国王的母亲这一角色使女性成为摄政天然的最佳人选。因为如果说先王的叔伯兄弟都是王位潜在的觊觎者，而且他们往往手握重权，拥有强大的政治势力，那么作为国王的母亲，她本身已经被《萨利克法典》排斥在王位继承序列之外，绝无戴上王冠的可能，并且作为一位外来者（法国王后多为欧洲其他王室外嫁来的公主），她在法国也不可能拥有多么深厚的政治根基。她唯一能合法依靠的只有年幼的国王，与其命运休戚相关。因而，拥护太后摄政的力量并非是出于认可女性的政治能力与政治德行，而是相信在王室统治不稳定的特殊时期，太后是唯一能够维系最高权力运作、保持各方势力均衡且又能维护幼王权益的人选。这样的拥护纯粹是政治的选择而无关性别。

通过对这些政治事件或者讨论的分析可知，不论是关于《萨利克法典》还是女性摄政，不论是支持者还是反对者，他们的真实意图并非讨论性别，其矛头所指乃是政治，就像杰塞在论述《萨利克法典》时所指出的那样，"排斥女性并非一个基于性别的原则性的问题，而是一个政治问题"。性别问题只是表象，更深层的是关于权力的承袭、分配及运作的问题。女性是被政治排斥抑或被接纳，其根源并不在女性的性别身份，而在于特定政治环境的需要。

就像林·亨特指出的那样，性别的重要性不仅已经充分显示在社会和文化生活中的中心地位，肇始于20世纪六七十年代的女性史研究在更一般的意义上对文化史的方法论发展起了十分重要的作用。事实上，不仅是文化史的方法论，在更广泛的政治史或者社会史领域，性别范畴的引入都对方法论带来了不小的影响。例如法国学者苏菲·维尔涅于2016年出版的《女投石党人》一书是关于17世纪投石党运动中贵族女性的活动的，作者从女性的角度描绘出一场与以往史家笔下的投石党运动有着诸多差别的政治运动，这场影响了路易十四日后统治方向的运动成为贵族女性整体从政治舞台的台前隐退的最后演出。这样的研究并非满足于从性别的角度添加一些新的研究子课题，用以弥补之前的空白，而是以女性社会政治实践来重写书写历史，用以往那些被忽视的领域，如女性之间的书信往来、联姻网络、庇护关系，来重新看待与审视过往种种，从而对整个政治史的研究范例提出挑战。加拿大女性主义者尤施卡借用葛兰西的"霸权建构现实理论"这样说道："传统既不是中性的也不是良性的：从一开始它就是意识形态，是掩饰社会权力运作的方式。在神话和仪式中，传统都是隐形和（或）显性地发挥作用，给神话和仪式加上一层权威的光环，而同时，传统又通过参照固定时间呈现出秩序的意义。"①因此，研究性别的历史就

---

① ［加］达琳·尤施卡：《性别符号学：政治身体/身体政治》，程丽蓉译，译林出版社2015年版，第15页。

是祛除这层以传统或者历史的名义给性别意识形态蒙上的权威光芒，揭示它的运作机制。

如果说性别为政治史带来新的研究视角和研究范式，那么无论是传统的政治史还是方兴未艾的性别史领域，史料种类的日趋多样化亦是近年来值得关注的现象。关于历史研究究竟应当如何使用文学材料的讨论尚未结束，引起更大争议的图像材料已开始大规模进入史学领域。就我个人而言，这几年接触到的法国历史研究者或多或少都在他们的研究过程中采用图像材料，其中包括非常传统的政治史学者，如专治法国大革命史的法国学者米歇尔·比亚尔，以及文化史大家罗什的弟子安托万·李尔蒂及斯德法纳·万戴姆等人。英美学者在这一方向上走得更早更远。林·亨特的《法国大革命时期的家庭罗曼史》中关于大革命时期对于王后安托瓦内特的舆论是如何形成的便是在分析当时的画册基础上成文的。然而，用图像作为主要分析材料进行研究从潘诺夫斯基时期便开始遭受质疑，批评主要集中在下述几点。首先，对于图像的解读不像文字材料那么确凿，难免会带上解读者个人的主观判断与推测。其次，图像的创作过程往往已经不可考，创作者的真实意图与表现出来的意图之间缺少重要环节。而最重要的一点，彼得·伯克概括得非常精准，他说："图像学的方法有可能缺少社会的维度，忽视了图像的社会背景。"[1]然而，即便遭受着这样那样的质疑，图像依旧如同此前的文学材料一样，在历史研究的场域中发挥着越来越大的作用，成为不可忽视的证据来源。在这样的情况下，如何恰当地、谨慎地使用图像材料，便成为以图证史的方法论中首先需要解决的问题。

这一问题事实上在我进行法国大革命时代的女性服饰研究中已显露出来。当时，这项工作带给我的最大福利是可以肆意徜徉在各类大大小

---

[1]　[英]彼得·伯克：《图像证史》，杨豫译，北京大学出版社2008年版，第49页。

小的博物馆里，而不觉得自己是在荒废时日。不得不承认，我喜爱卢浮宫远胜于法国国家图书馆，凡尔赛宫的吸引力也远大于国家档案馆。因为，在这些场所中，物品与图像包围着我，我痴迷于那个已经逝去的世界留下来的真实的证据。当我细细端详一把16世纪的椅子之际，椅子的主人或许就在上方的画框中静静地注视着400多年之后的这位东方来客。这种与过去发生的切实联系让人心颤。可惜的是，文字能激起的兴奋与激动，在我这里，要少很多。这就是为什么从研究的初期开始，图像便成为我最心爱的材料。但是，图像材料的不确定性又对研究工作造成相当大的障碍。当面对着一幅18世纪的匿名宣传画时，我不知道它的作者是谁，是在什么样的场合创作了它，也不清楚它的潜在受众究竟是哪些人，他们看到这样的画作会有什么样的反应。甚至，有的时候，我都不清楚面对的某些图像究竟是用来做什么的，是为了给戏剧舞台提供灵感，还是当时的裁缝创作的最新时装款式？在这样的困惑中，又如何能够恰如其分地分析伯克所谓的"投射到图像中的态度与价值观"？因此，每一次使用图像材料都不啻为一次冒险；而另一方面，关于女性的材料在传统档案中如此之少，因此大量女性图像的存在让人不得不进行这样的冒险。

图像资料的种类非常丰富，从最常见的绘画、雕塑、壁画到建筑、家具乃至装饰艺术中的各类器物。本书选取文艺复兴早期欧洲挂毯艺术中的女性形象作为从图像材料入手研究女性史的一次尝试。从法国国立中世纪博物馆以及卢浮宫现存的挂毯藏品来看，中世纪晚期、文艺复兴早期法国挂毯中的女性形象相较之前的女性图像资料而言，发生了非常明显的变化。题材从宗教场景向日常生活场景蔓延，女性在其中占据的位置也相应发生重要转变，有时，女性形象甚至占据着整张挂毯最主要的位置。并且，挂毯中还有不少渲染幸福美满的两性关系的场景。由此产生的问题便是：是否在文艺复兴的人文主义思潮背景下，人们因为对尘世生活的观念发生了转折性的变化，所以对待女性的态度也发生了变化呢？

通过细读当时的文献资料，我们会发现，这一现象的出现并非表面上看起来那么简单直观。一方面，人文主义的兴起确实使人们对于女性的看法观念发生了某种微妙的变化，这一点在不少文本中亦可获得证明。但进一步探究则会发现，这一变化的脉络与根源似乎还能追溯到更遥远的12世纪的圣母崇拜以及中世纪时期经久不衰的"骑士爱情故事"（亦被称为"典雅爱情"）文学传统。因为文艺复兴早期挂毯中出现的女性形象与爱情场景在一定程度上都非常符合"骑士爱情故事"中描绘的那种将为女性出生入死视为骑士精神最佳体现的场景。因此，挂毯中的女性形象与两性互动场景究竟是现实生活的直观投射，抑或只是中世纪文学中的诗意场面的另一种表现形式？换言之，这些女性场景是否只是挂毯产业中的"程式化"、"套话型"的产品符号而已？

从图像回到上文谈及的女性与政治之间的关系，我们发现，历史上掌权的女性往往非常善于利用图像迂回曲折地实现自己的政治意图。例如在流传下来的多幅图像中，萨伏依的露易丝以虔诚的信徒、严格的母亲、英明的摄政太后等多重形象来表现自己作为王太后的官方形象。这是历代女性统治者惯常使用的方法，即通过强调与男性统治者之间的关系来证明自己统治的合法性。这也是现实世界里，在男性主导的政治领域中最常见的女性触及最高政治权力的途径的客观反映。而路易十三的母亲美第奇的玛丽在17世纪初向当时著名画家鲁斯本订购的整套大型油画就显得比较特别，因为在这一系列围绕着女主人公生平事迹的画中，玛丽或被古希腊罗马中的各种神话人物围绕，或直接化身为胜利女神的形象。除了描绘玛丽与亨利四世联姻的那幅作品以外，其余画作的中心人物均是这位王太后。

并且她很少以温柔妻子或者慈爱母亲的形象出现，而是一副手握天平、君临天下的高大形象。考虑到绘画创作的年代可知，当时路易十三急切想要夺回母亲手中大权而造成母子关系剑拔弩张，因而王太后或许想要通过这一系列画作向公众宣扬她才是法国政治的统治者。

除了女性统治者因自身政治需求订制这类政治宣传画之外，有时候女性的图像也是出于国家或者国王的政治目的。法国学者艾莲娜·维耶诺（Éliane Viennot）曾注意到在亨利二世统治时期，亨利的宠妃，普瓦捷的戴安娜经常在画作中被描绘为狩猎女神戴安娜，这不仅因为两者有着相同的名字，更重要的是，这是一种官方的、宫廷的宣传艺术：用国王宠妃的画像来表现君主制的强大——野兽被戴安娜驯服代表着城市对君王的臣服；与此同时也传递出以国王情人为主的女性势力在当时宫廷中的重要影响。所以，对于戴安娜画像的解读，不能只停留在识别出她装扮成与自己同名的女神这一层面，因为这些画作的问世并不是宫廷贵妇闲暇之余的无聊之举，而是16世纪上半叶法国王权在逐渐强大的过程中的政治宣传。历经数个世纪，以图像为主的挂毯或者绘画作品所传递的信息远比我们所认为的复杂与细致得多，如果只是贸然"看图说话"，而不将其与同时代的其他材料——包括文字材料以及其他类型的图像资料——相印证，抑或没有对相关时代背景做细致深入的分析，则很有可能做出错误甚至荒谬的判断。

同样的情况也出现在对17世纪时尚服饰的研究过程中。除了常见的绘画与雕塑等形式以外，时尚服饰也是权力通过视觉化的方式进行自我建构与展示的一个途径，而这一途径到目前为止尚未受到研究者足够的关注。如果其中再加入性别要素，那么整个议题就会变得更有趣也更富有挑战性。服饰与文化、社会乃至政治的密切关联，已毋庸多言。但如何分析与阐释其中的关联，仍是当今时尚文化史研究中的难点。不少研究者认为近代早期的服饰，尤其是宫廷服饰，是君主制重要的统治工具，君主利用服饰来展现权威、划定阶层并以规定宫廷贵族的服饰来强化忠诚与服从。当时有观点认为，奢华的时尚服饰并不是表面上的浮华浪费，而是维系君主制必要的手段，因为豪华的服饰是君主内在威严与德性的体现，也让贵族时时谨记自己出身高贵从而令言行举止处处优雅，合乎礼仪。此外，在近代早期商业文化兴起的时代，人们相信时尚奢侈服饰的消费有利于社会财富的流动。所以无论是英国还是法国的王室，都深谙运用时尚服饰之道。而路易十四更是其中的佼佼者，在其统治凡尔赛的岁月里把服饰政治运用得出神入化。所以，像英国历史学家菲利普·芒塞尔和法国史家皮埃尔·佩罗都据此认为服饰时尚的起源便是在路易十四的宫廷之中，换言之，时尚兴起的根源应该在于法国奢华的宫廷文化之中。然而社会学家吉尔斯·李波维斯基更愿意把服饰时尚的发展看作是西方文化中个人主义兴起的结果。他认为时尚之缘起是因为人们希望用服饰来表达个人，并不是用此来显示对君主权威的追随，因此，这是个人主义与平等自由思想相结合的产物。关于服饰时尚兴起的缘由，众说纷纭。本书用一篇小文的篇幅简单探讨了法国服饰时尚诞生的历史背景，希望从中窥探到服饰时尚作为一种特殊的社会文化现象，是如何展现并且介入到真实的历史与政治中的。

达恩顿曾经说过，逝者世界有一种深不可测的陌生感，史学家们被他者的世界所同化，却不能为现实人们所理解。我个人并不介意不为现实人们所理解，但却深深困惑于过去世界所带来的陌生感，而政治、性别和图像就是我尝试去理解那个世界的三条主线，它们结合在一起，成为帮助我打开未知大门的钥匙。不过，我个人感觉，距离真正了解那个世界，还依旧十分遥远。在最初的学习阶段，我常常会因为一个小发现、一个新的理解而兴奋不已，然而，随着研究的深入，那种挥之不去的陌生感却日渐加深。确切地说，是一种隔阂感。仿佛身处巨大而模糊的玻璃幕墙之外，看得见里面影影绰绰的人群走动，依稀听得到嘈杂的喧嚣，却始终无法清晰地知道墙内发生了什么，又是如何发生的。有时，这种与自己研究对象之间的疏离感会让人陷入深深的沮丧之中。这种时候，关注国内外前辈同行的工作会带给自己莫大的动力，所以，在本书的附录中特意收录了两篇有关史学动态的小文。尤其是法国学者李尔蒂的访谈，作为法国最负盛名的《年鉴》杂志的前主编，他详细地介绍了近年来法国史学界的动态，有助于我们了解法国同行们关注的史学热点以及他们所使用的最新研究方法与材料。知晓同行的进展在某种程度上会让人觉得，在探索消逝世界的旅途中，我们并不孤单。

第一篇　图像与性别

第一章 中世纪晚期至文艺复兴早期法国挂毯艺术中的女性新形象

在传统史料中，关于女性的资料整体呈现出量少且散乱的状况，然而近年来，女性史的研究日益开始重视档案材料以外的其他资料，如小说、戏剧、杂志乃至各类图像。笔者发现，中世纪晚期至文艺复兴早期的挂毯艺术中亦存在大量女性形象，是一类非常值得深入分析研究的图像资料。

在中世纪晚期至文艺复兴早期，挂毯艺术作为一种装饰工艺极受王公贵族们的追捧，它的重要性超过其他任何艺术门类，但到了文艺复兴晚期以及17世纪巴洛克时期，由于画家们在绘画技巧及改进颜料技术方面的长足发展，挂毯在实际装饰中的重要地位逐渐被大型油画所取代。这就不难理解为何史学界对于古代挂毯研究始终欠缺足够的关注。[1]19世纪晚期至20世纪初，有少数艺术史家对古代挂毯做了初步的整理研究工作。[2]近年来，这一状况略有改变。研究者主要研究挂毯的工艺传承、行业发展、地

① Jules Guiffrey, *Histoire de la tapisserie, depuis le moyen age jusqu'à nos jours*, Tours: Editeurs Alfred Mame et fils, 1886, Introduction; Thomas P. Campbell, *Tapestry in the Renaissance: Art and Magnificence*, New York: Metropolitan Museum of Art New York, 2013, p. 5.

② Thomas P. Campbell, *Tapestry in the Renaissance: Art and Magnificence*, p. 10.

区特色，或是订购者与制作者之间的销售网络等方面，①但涉及挂毯内容主题方面的分析，除了《贝叶挂毯》这类赫赫有名的作品吸引了众多目光外，其余尚不多见。而其中的女性主题，更像是一个几乎无人涉足的"秘密花园"。更重要的是，曾有研究中世纪晚期至文艺复兴早期女性图像的研究者认为，在该时期，表现两性对等交流、展现男女真正情感的图像非常罕见。②通过对挂毯图像中女性新形象的分析研究，或许可以对此观点做出补充修正。

本文依托笔者赴法国国立中世纪博物馆、卢浮宫以及英国维多利亚与艾伯特博物馆等地，拍摄收集的该时期挂毯藏品图像为基本资料，其中尤以法国地区挂毯为主（鼎盛时期的挂毯艺术以法国生产为最佳③），就其中呈现的女性形象做一简单梳理，尝试分析这一历史时期挂毯中女性形象出现的新变化以及造成这些变化的审美倾向与思想观念的更新。本文也是以图像资料为切入点开展女性史研究的一次试验。

首先需要指出的是，在欧洲15—16世纪的等级社会里，不同阶层的女性状况差别巨大。而不同的图像作品在制作成本、流通渠道以及受众上的差异导致其中的女性形象存在着不小的差别。挂毯艺术的主要消费群体为

① 下述文献中均提到目前对于古代挂毯历史研究的不足：Achille Jubinal, *Les anciennes tapisseris historiées ou colllection des monuments les plus remarquables*, Paris: chez l'éditeur de la Galerie d'armes de Madrid, 1838, préface；Louise Roblot-Delondre, "Les sujets antiques dans la trapisseris", *Revue Archéologique, Cinquième Série*, T. 5 (Janvier-Juin 1917), pp. 296-309；Joëlle Carlin et Amandine Gaudron, *La tapisserie au musée de Cluny, dossier enseignants Musée de Cluny*, Paris: Musée de Cluny – musée national du Moyen Âge, 2012, p. 43.

② Christa Grossinger, *Picturing Women in Late Medieval and Renaissance Art*, Manchester and New York: Manchester University Press, 1997, p. 62.

③ 当时法国阿拉斯（Arras）以生产高质量挂毯而著称，阿拉斯这个地名几乎等同于挂毯一词。参见：Meyric R. Rogers, "Five Centuries of French Tapestries", *Bulletin of the Art Institute of Chicago (1907-1951)*, Vol. 42, No. 3 (Mar., 1948), pp. 30-36.

王公贵族或者富商家族，所以挂毯中的女性形象多为贵族阶层女性，较少涉及中下层妇女。虽然后者也会出现在一些大型挂毯上，但就整体数量而言，仍较前者为少；[①]且这些经过艺术家美化的、出现在上流社会装饰艺术中的劳动女性形象，与当时中下层女性真实生活状况之间也相去甚远。所以本文暂且搁置其他阶层的女性形象，而专注于贵族女性的形象。

其次，从艺术种类来看，中世纪晚期至文艺复兴早期，表现人们日常生活场景尤其以女性为主角的场景的艺术作品并不多见，当时还没有盛行油画艺术，上流社会所传阅的不过是一些小型插画作品，如《圣经》故事或者是流行文学中的插页，以及王公贵族个人所有的年历画。而挂毯则几乎是当时唯一在较大范围内生产和流传的工艺作品，而恰是在挂毯上，笔者发现了大量不同于中世纪传统的女性新形象（其他小型插画中也有少量出现，下文会提及），这就使得挂毯提供的这类图像资料弥足珍贵。然而，早期挂毯作品很少署名，更不会标注具体的制作日期。[②]除了少量挂毯行会从业者（挂毯织工被称为tapissier）名单之外，至今也尚未找到哪怕一份某个工坊制作的挂毯清单。[③]这也是为何不少研究挂毯的艺术史文章都在考证某张挂毯的订购者、制作者（或制作工坊）以及它的收藏流传经过。虽然本文不考证这些艺术史上的细节问题，只关注该时期挂毯艺术中的图像问题，然而艺术作品自身资料的缺失无疑会给研究工作带来不小的困难，例如，很难确切了解订购者的身份，更无法了解他订购该作品的意图，这难免会导致一些谬误。

[①]　这一点与同时期的插画情况相类似，关于贵族女性的插画在数量上远多于普通阶层女性。关于后者的形象，可参看：Martha W. Driver, "Mirrors of a Collective Past: Reconsidering Images of Medieval Women", in *Women and The Book*, edited by Jane H. M. Taylor and Lesley Smith, London: The British Library and University of Toronto Press, 1996, pp. 75-90.

[②]　Jules Guiffrey, *Histoire de la tapisserie, depuis le moyen age jusqu'à nos jours*, p. 61.

[③]　Louise Roblot-Delondre, "Les sujets antiques dans la trapisseris", pp. 296-309.

最后，也是最重要的，就内容而言，不论是文学作品还是图像艺术中的女性形象，它们与现实中的女性社会生活状况之间存在着差距甚至背离，这一点已被研究者注意。[①]例如，中世纪晚期欧洲城市中经常上演各类家庭生活喜剧，剧目内容往往是愚笨的丈夫如何被狡黠的妻子伙同情人蒙骗耍弄。16世纪上半叶还流传着许多妻子背着丈夫与人私通的市井小故事。[②]但事实上，根据现存法庭案例显示，在当时有婚外关系的男性数目远远大于女性。那么该类喜剧表演或者相同主题的小故事，实际上并不能证明当时的女性在婚姻关系中享有更多的掌控权；因此需要研究者去探究的是，为何恰是这类"反常"的家庭喜剧反而迎合了当时观众的审美趣味。同理，中世纪晚期和文艺复兴早期法国挂毯艺术中的女性形象也不是现实生活的真实写照，更多的是艺术家依据订购者或者市场的喜好所进行的一种创造。

有研究者认为，16世纪的女性图像中开始出现一些与中世纪不同的、具有某种现代意义的有关女性的套话与模式，这一模式甚至延续至今。[③]所以本文并非试图通过挂毯艺术来再现文艺复兴时期欧洲女性整体状况，而是从表象史与性别史相结合的角度，尝试回答以下问题：为何在这个特定历史时期，挂毯上的贵族女性形象出现了新的因素和变化？这些新因素的出现与当时的时代背景及时代氛围有何联系？新形象背后蕴含着什么样的思想观念？是什么样的整体文化生产出这类新形象？

即便这些贵族女性形象最终只是当时男性构建和塑造的理想女性形

[①]　Maite Albistur, Daniel Armogathe, *Histoire du feminisme francais : du moyen age à nos jours*, Paris: Des Femmes, 1977, p. 36.

[②]　Pierre Darmon, *Femme, repaire de tous les vices, Misogynes et feminists en France(XVIᵉ-XIXᵉ siècles)*, Paris, André Versaille éditeur, 2012, pp. 326-329.

[③]　Sara F. Matthews Griec, *Ange ou Diablesse. La représentation de la femme au XVIᵉ siècle*, Paris: Flammarion, 1991, 14.

象，但是通过分析与阐释这些挂毯图像，从而理解该时期男性对女性和两性关系的认知与态度，乃至理解这个时代特有的观念与情感特质，就此而言，这无疑是一个不错的切入点。

当然，挂毯艺术中出现新的女性形象，很有可能存在着生产、销售或者流通因素等艺术史方面的原因，由于笔者有关挂毯艺术的知识底蕴还远远不足，所以本文也仅是一次跨学科研究的尝试，给出的解释只是从性别史的角度来论证性别观念的更迭或许会影响某一时期艺术作品中的人物形象，疏漏之处还望专家指正。

一、挂毯艺术及其中的女性形象

在大型油画出现之前，挂毯在欧洲宫廷或者教堂里是比油画、壁画和雕塑更受欢迎的装饰艺术。虽然挂毯行业是一门比较晚近的工艺门类，直至14世纪中叶才在欧洲出现规模性生产作坊，但由于与当时其他艺术种类相比，挂毯有着极强的装饰性及便于流动运输的特点，到了中世纪晚期，它已成为处于欧洲金字塔尖的王公贵族的府邸中必不可少的装饰物，也是国家地区之间外交活动中的昂贵馈赠物。文艺复兴至宗教改革时期，法国巴黎、阿拉斯以及布鲁塞尔等地区的挂毯行业都极其兴盛。[①]法国更是被称为该时期挂毯艺术的"摇篮"，[②]许多挂毯商人富甲一方[③]。由于挂毯制作工期长、工艺复杂，所用材料不仅有羊毛、丝绸，很多时候为了制造富丽堂皇的效果，甚至织入金银丝线，所以造价极其高昂。因而，对于

[①]　Josephe Destrée et Paul Van Den Yen, *Tapisseries des Musées Royaux du Cinquantenaire à Bruxelles*, Vromant & C°, Impromeurs-Éditeur, 1910, p. 11.

[②]　Jules Guiffrey, *Histoire de la tapisserie, depuis le moyen age jusqu'à nos jours*, pp. 7-8.

[③]　Thierry Dufrêne, a tapisserie de haute lisse a Paris et la question décorative (XVIᵉ siècle), *Revue d'histoire moderne et contemporaine*, T. 37e, No. 1 (Jan. - Mar.,1990), pp. 88-107.

当时欧洲的君主或大贵族而言，挂毯尤其是大型系列挂毯，是他们最钟爱的、用以彰显其权威与荣耀的收藏品。[1]质量最上乘的挂毯往往是皇家作坊专为国王们定制的，在王室中一代代传承。[2]法国勃艮第公爵有6名挂毯保管官，还有12个助手共同来管理他拥有的挂毯。[3]1528年，英王亨利八世订购的一幅挂毯价值1500英镑，相当于当时一艘战舰的价格或者是王国里最富有的公爵全年的收入，而在他的财产清单中，挂毯数量达到2700幅之多。[4]

既然挂毯在中世纪晚期和文艺复兴早期是比绘画艺术更重要、更流行的装饰艺术，那么关注当时受欢迎的挂毯主题，无疑可以了解那个时代人们的审美趣味以及决定这些审美倾向的思想观念。挂毯的主题，从出现伊始，就可分为两大类：世俗与宗教。前者的订购者多为王公贵族或私人宅邸，后者的订购者则多为教堂。世俗主题可分为三类：首先是古典神话或传奇故事；其次是古代君王的丰功伟绩、战役或者狩猎场面，像亚历山大、西皮翁、恺撒等人物形象经常出现在16世纪晚期的挂毯上；[5]最后则是道德劝诫场景或者文学主题，或表现异国风情，或展示田野风光。或许，寓意式主题也可归在这最后一类中。[6]这三类主题也会以不同的搭配同时出现，例如，有些挂毯会以古典神话人物的方式来表现订购者本人或其家族的荣耀。宗教类的主题则主要展现《圣经》故事，如"耶稣受

---

① Thomas P. Campbell, *Tapestry in the Renaissance: Art and Magnificence*, p. 3.

② Louise Roblot-Delondre, "Les sujets antiques dans la trapisseris", pp. 296-309.

③ Jules Guiffrey, *Histoire de la tapisserie, depuis le moyen age jusqu' à nos jours*, p. 75.

④ Thomas P. Campbell, *Tapestry in the Renaissance: Art and Magnificence*, p. 4

⑤ 关于挂毯主题，可参考：Josephe Destrée et Paul Van Den Yen, *Tapisseries des Musées Royaux du Cinquantenaire à Bruxelles*, p. 15.; Meyric R. Rogers, "Five Centuries of French Tapestries", pp. 30-36.

⑥ Joëlle Carlin et Amandine Gaudron, *La tapisserie au musée de Cluny, dossier enseignants Musée de Cluny*, p. 6.

洗"、"耶稣受难"、"最后的审判"等，或者是刻画订购者护佑圣人的形象。有研究者认为，最早的人物肖像图也是以挂毯形式诞生的。不过，在本文所关注的时间段中，真正刻画表现对象个人特征的挂毯尚未出现。[1]

就本文所关心的议题而言，当时有女性人物出现的挂毯主要为三类。首先是寓意图类型，在这一类型中，最鲜明的特点便是很少出现真实的女性作为画面主要形象，相反，有很多抽象概念，比如"骄傲"、"奢侈"、"死亡"等典型的中世纪概念都会以女性形象出现。例如，在英国维多利亚与艾伯特博物馆中收藏的一幅名为《永恒战胜死亡》的挂毯中，"死亡"、"时间"、"永恒"三个概念均由女性形象表现。三名女性的形象，无论是样貌还是服饰，都大同小异，只是在她们头顶上方各以不同拉丁铭文表明不同的象征寓意。法国国立中世纪博物馆收藏的一幅名为《七艺之算术》的挂毯中，位居画面中央的女性便是"算术"的化身。著名的《美女与独角兽》系列挂毯实则也可归入这一类型，但它的情况比较特别，后文将具体提及。潘诺夫斯基在其《图像学研究：文艺复兴时期艺术的人文主题》中提到的两幅佛罗伦萨挂毯《纯洁图》和《花神》，也属于这类。[2]总体而言，用女性形象代表抽象概念只是中世纪惯用的象征手法，与真实女性之间毫无联系。

第二种类型是宗教场景，如藏于卢浮宫的《最后的审判》挂毯中的多位女性形象。宗教类型中尤以表现圣母形象为多，《圣母领报》、《圣母加冕》等主题反复出现。或者是女圣人的故事，如圣安娜等人物。除却上

---

① A. A. Polovtsoff and V. E. Chambers, "A Tapestry Portrait of Princess Dashkoff", *The Burlington Magazine for Connoisseurs*, Vol. 34, No. 195 (Jun., 1919), pp. 243-247.

② [美]欧文·潘诺夫斯基：《图像学研究：文艺复兴时期艺术的人文主题》，戚印平、范景中译，上海三联书店2011年版，第80-81页。

述宗教或寓意类型的挂毯中有可能出现虚构的女性形象占据画面主要位置之外，其余挂毯中，无论哪种类型，女性形象总是处于附属地位，其形体也较为渺小，本文暂且忽略。挂毯中女性形象的这两种类型，也可在同一时期的其他图像作品中寻到证据。例如，教堂玻璃镶嵌画上的女性往往是圣母故事中的人物角色；在手抄本的插画中亦有不少表现女圣人的虔诚或善心。[①]

　　而本文关注的则是第三种类型，即15世纪下半叶至16世纪初出现的表现贵族女性日常生活的这一类挂毯。这类挂毯或以描绘女性活动为主，或展现男女都参与的贵族活动。

　　首先来看法国国立中世纪博物馆中收藏的六幅题为《领主生活》的系列挂毯，分别为《刺绣》、《散步》、《阅读》、《文雅场景》、《出猎》、《沐浴》。这组大约制成于1500—1520年的挂毯，基本已经放弃了中世纪热衷的隐喻式构图，而用简洁的构图方式专注于表现日常生活场景。除了《出猎》是以男性为主之外，其余五幅的主要人物均为女性。在当时盛行的"繁花（mille fleurs）"背景的映衬下，画面中的主人公穿着16世纪初的典型服饰，或与同伴一起在草地上刺绣，或舒适地坐在椅子上倾听侍臣朗读，或与家人在树林里悠闲散步。既不再出现圣人圣母题材中常见的日月星辰、楼宇殿堂，也没有了那些以人格化形象出现的抽象概念。画面以自然景物烘托着人物的活动，洋溢着舒缓宁静的氛围。卢浮宫中所藏的数幅16世纪早期表现贵族女子生活场景的挂毯，如《乡间音乐会》、《游乐图》和《采摘》等，与此有异曲同工之妙。

　　又如，在英国维多利亚与艾伯特博物馆中，藏有一幅《捕捉天鹅与水獭图》（图1）。画面描绘了贵族带着众多仆役一起捕捉天鹅、水獭和熊

---

　　① Christa Grossinger, *Picturing Women in Late Medieval and Renaissance Art*, pp. 20-36.

024

的场景。人物多达30余名，而其中女性人物占据了半数以上。从人物的服饰及形体来看，这些女性应该都是领主妻子或者家人，因为她们不仅衣着华丽，且明显要比画面上的仆役形象高大许多。美丽的夫人们身着色彩斑斓的衣裙，梳着当时流行的"蝴蝶型"发髻，披着精致的头纱。她们有的与领主携手驻足旁观，有的则正接过仆役递过来的天鹅。画面右下方，更有一名身着白色刺绣长裙的年轻女子，与身边的男性一样，手牵一头体型高大的猎犬等候在动物的巢穴外。另有一幅《猎鹿图》（图2），同样描绘了许多鲜衣华服的贵族女子在猎鹿的场景，或围观，或指挥，或手执树枝亲自上阵。同一博物馆中还收藏了一幅《牧歌图》（图3），画面中许多打扮成牧羊女的年轻女子在田野上与同伴们笑逐颜开地玩游戏。从她们华贵的服装与精美的发型头饰来看，这些女子都应该属于贵族阶层。

而在法国国立中世纪博物馆中有一幅名为《狩猎与牧羊女》（图4）的挂毯，则更令人惊叹。画面中央是一位骑着高头大马的贵族女子，她一袭红衣，右手拉缰绳，左手托着猎鹰，后面跟着几位小跑着的侍从。画面后方另有一位蓝衣女子骑在白马之上，也是右手缰，左手鹰，英姿飒爽。虽然画面上也有骑马男子，但是无论从哪个角度观看，这两名骑行女子都是这场狩猎的绝对主角，也是这幅挂毯主要表现的人物。

最著名的挂毯当属《美女与独角兽》系列。这六幅收藏于法国国立中世纪博物馆的杰作制作于1500年前后，每幅挂毯上都是同一位年轻女子的形象。其中的五幅挂毯代表了人类的五种感觉——视觉、闻觉、听觉、触觉、味觉，而最后一幅挂毯，题名为《我唯一的渴望》（*Mon seul désir*），意味深长，研究者对此解释众说纷纭。画面中的女子把所有的首饰放回盒子中，意味着她用自我意愿克制了各种感官愉悦，或者是暗示美好的灵魂或心灵的感觉可以统摄其余五种，也有研究者将此解读为对激情的渴望。从其抽象的道德意蕴来看，这组挂毯应与其他寓意类的同属一类。但是，本文关注的并非这组挂毯的特殊寓意，而是画中女性形象的特别之处。画中女性形象不再是此前那种生硬的程式化的姿态形体；与其他抽象人物形象完全不同，她表情生动、姿态优美，色彩艳丽的衣裙仿佛能随着她的动作而轻轻舞动。有研究认为，这一女性形象的原型是布列塔尼的安妮女王。在这六幅挂毯上共有84种植物与19种动物，因而整个画面显得生机勃勃，栩栩如生的人物置身于一个充满世俗欢愉气氛的环境中。[①]与早期挂毯或者同时期依然以讲述《圣经》故事为主题的挂毯相比，在此类作品中，原先占据了画面上方重要位置的说明性铭文已经基本消失，而是增加了色彩斑斓的房屋、郁郁葱葱的树木、波光粼粼的溪流以及鲜花盛开的草地等自然元素，因此画面整体更接近现实中的真实场景。

概言之，此时的挂毯艺术出现了不少描绘贵族女性日常生活画面的场景，她们或为画面的主角，或与她们的男伴一起向人们展示着生活的安乐美好。她们一反以前挂毯中神情麻木、肢体动作僵硬的传统人物造型，面部表情生动自然，姿态优美，显现出美丽与温柔，充满了女性魅力。加之文艺复兴早期的挂毯中大量流行以自然景观作为背景，于是呈献给观众的便是一幅幅鸟语花香、生机勃勃的真实自然环境中的女性生活图景。

二、女性新形象与时代背景

女性史家早已指出，文艺复兴早期毫无疑问依然是一个父权制的社会，女性的社会、经济以及政治地位均无法与同一阶层的男性相提并论。但是，为何在这个时期，在挂毯艺术中出现了新的女性形象？这是否意味

---

① 关于此组挂毯的解读，参考：Joëlle Carlin et Amandine Gaudron, *La tapisserie au musée de Cluny, dossier enseignants Musée de Cluny*, p. 9.

着在社会历史环境对女性而言并没有发生巨大改变的情况下，有一些关于她们的看法与态度发生了细微的变化？本文接下来的部分将从三个方面探讨挂毯中出现女性新形象的可能原因，它们分别是：更私密的使用场合与女性订购者；中世纪以来"典雅爱情"传统的影响；以及最重要的，特定时代性别观念的嬗变。

首先，在分析当时有关女性的思想观念之前，应先从艺术史角度简单考察挂毯作为一种装饰艺术的某些特殊性。前文已述，挂毯兴起之际，主要用于王公贵族的府邸，这就与多用于装饰公共空间的雕塑、主要用于教堂的玻璃镶嵌画不同。而挂毯因使用场合的不同，内容上也有差异。在上流贵族住所的公共区域中，会有许多战争或神话题材的挂毯作为装饰；而在另一些较为私密的空间，使用的题材可能就更接近日常生活。有些挂毯只在重大节日或仪式上使用，例如收藏在佛罗伦萨的《瓦卢瓦系列挂毯》便是在亨利三世婚礼上使用的；[1]而另一些则作日常使用。值得注意的是，后者在挂毯总数中占据的比例明显高于前者。[2]由此可知，如今我们看到的挂毯中大量出现新的日常生活场景，与当时挂毯所使用的场合有着密切关联。因而不难理解，在更私密的空间里，尤其是贵族女性活动居多的场所，常常会装饰有表现温馨家庭氛围或者以爱情题材为主的挂毯。[3]更重要的是，当时的挂毯订购者或者使用者中，许多就是贵族女性。始建于1513年的法国著名的"舍农索城堡"（Châteaude Chenonceau）因其历代主人均为女性，故拥有不少女性题材挂毯藏品。凡尔赛宫的王后卧室里装

---

① Pascal-François Bertrand, "A New Method of Interpreting the Valois Tapestries, Through a History of Catherine deMédicis", *Studies in the Decorative Arts*, Vol. 14, No. 1 (FALL-WINTER 2006-2007), pp. 27-52.

② Thomas P. Campbell, *Tapestry in the Renaissance: Art and Magnificence*, p. 24.

③ Jules Guiffrey, *Histoire de la tapisserie, depuis le moyen age jusqu' à nos jours*, pp. 67-71.

饰的挂毯也均以女性为主题。因此，我们可以大胆假设：挂毯画面有女性新形象出现，最直接的原因或许与当时有不少女性订购或使用挂毯有关。

现有研究结果可为这一假设提供不少证据。例如在弗朗索瓦一世统治时期，巴黎和枫丹白露的挂毯工坊就为他的情妇们定制了许多挂毯。[①]在亨利二世统治期间，枫丹白露的挂毯工坊制作了一组以狩猎女神戴安娜为主题的挂毯。人们发现画面中的女神所穿的长袍上绣着"H"与"D"两个字母，原来这是亨利与其最宠爱的情妇——普瓦捷的戴安娜——两人名字的首字母。可见这是专门送给后者的礼物。[②]勃艮第公爵夫人去世的时候，留下26幅挂毯。从当时留存下来的挂毯清单中，我们可以看到，她订购的挂毯主题较多涉及女性形象。例如《守卫城堡的少女》、《领主之女的婚礼》、《爱之神：朱诺、帕拉斯和维纳斯》、《喷泉与种植墨角兰盆栽的少女》等。[③]仅从这些标题中，就可以想象这些挂毯多数应该是表现美丽的女性形象。另有许多贵族妇女本身就是订购者，例如弗朗索瓦一世的母亲，萨伏依的露易丝就支付了相当可观的金额给巴黎的挂毯商。[④]桑斯地区的大主教在与挂毯商签订的合同里写道，要使用与吉斯公爵夫人定制的挂毯一样精美的材质。[⑤]虽然现有档案材料无法给出某一时期某个挂毯供应商的客户在性别上的比例，但是我们依然可以看到，许多地位显赫的贵族女性非常热衷于收集美丽的挂毯来装饰她们生活的空间、用作馈赠的礼物，这极有可能便是当时挂毯中出现女性新形象的最直接原因。

其次，在简单勾勒当时的挂毯的使用情况之后，接下来就要回溯一下

---

① Meyric R. Rogers, "Five Centuries of French Tapestries", pp.30-36.

② Thomas P. Campbell, *Tapestry in the Renaissance: Art and Magnificence*, pp. 464-465; Jules Guiffrey, *Histoire de la tapisserie, depuis le moyen age jusqu'à nos jours*, pp. 217-218.

③ Jules Guiffrey, *Histoire de la tapisserie, depuis le moyen age jusqu'à nos jours*, p. 55.

④ Jules Guiffrey, *Histoire de la tapisserie, depuis le moyen age jusqu'à nos jours*, p. 221.

⑤ Jules Guiffrey, *Histoire de la tapisserie, depuis le moyen age jusqu'à nos jours*, p. 223.

中世纪文化中是否也存在着与女性相联系的类似的世俗题材，虽然中世纪盛行"圣母文化"、"圣女文化"，不论是教堂的镶嵌画还是《圣经》读本中的插页，只要是正面的女性形象，绝大部分都戴着神圣的光环，而甚少出现尘世中的女性形象，但是我们知道，中世纪文化思潮中还存在着非常重要的 "典雅爱情"这一世俗文化传统。虽然中世纪世俗女性的形象或许也出现在别的题材类型中，如日历插画等，但从现存材料来看，"典雅爱情"文化传统流传最广，最具有代表性。文艺复兴早期挂毯艺术中的世俗女性形象与此有着不可忽视的联系。

众所周知，兴盛于中世纪的"典雅爱情"文化中，骑士要为所爱的贵妇奋不顾身、出生入死，凭此赢得荣誉与赞美。"典雅爱情"主题最早出现在南方游吟诗人的诗歌作品中，他们不遗余力地赞美高贵美丽的贵族女性。这类题材在小说、诗歌、戏剧等文学作品中盛行，时人对此类作品耳熟能详。而且这一类型也在其他艺术种类中被广泛运用，如装饰性插画或者日用工艺品上。甚至由此产生了新的社会行为规范：男性要以高贵的骑士风度对待女性，或者是在比武中以某位贵族女性的标志性色彩作为他的服装，等等。一直到文艺复兴时期，"典雅爱情"的传统依然在发挥作用。前文已经提到，兴起于该时期的挂毯艺术中有相当大一部分针对的是贵族女性客户装饰日常空间的需要，那么自然就会借用大量 "典雅爱情"的表现手法与常用场景。当时许多挂毯不仅表现"典雅爱情"中两性相处的画面，甚至直接以"典雅爱情"命名。法国国立中世纪博物馆与卢浮宫所藏的挂毯中均有此类作品。例如在《领主生活》系列中的《阅读》这幅挂毯中，画面呈现的是一位男子正在向一位贵族女子朗读手中的书卷。画面一角有一只小猫正在玩弄一个线团，这是"典雅爱情"中常用的套话型场景，这个细节暗示了挂毯上的两个人物之间存在着引诱与被引诱的关系。在卢浮宫所藏的制作于1500年前后的挂毯《舞蹈》中，三三两两的贵族青年男女在草地上手牵手，翩翩起舞，各种可爱的小动物挨挨挤挤。这也是"典雅爱情"常用的表现手法，来渲染骑士获得贵族女性青睐之后的愉悦情形。所以，该时期挂毯艺术中的世俗贵族女性形象很大程度上受到了这一传统主题类型的影响。

不过，谈到"典雅爱情"传统的影响，需要注意的是，该时期挂毯所表现出来的"典雅爱情"，与传统形式相比已发生了微妙的变化，女性的形象已经悄然改变。

这样的变化可以从两件不同时期但同样表现"典雅爱情"的艺术作品中看到。收藏在法国国立中世纪博物馆中一件1300—1310年的首饰盒（图5）上所表现的就是当时典型的"典雅爱情"场景。这件题为《攻陷爱情城堡》的象牙作品描绘的是勇敢的骑士们克服重重困难，最后赢得贵妇芳心的场景。在这些场景中，所有的行动者都是男性，他们或是全身披挂，在贵妇面前捉对厮杀；或是翻爬高高的城墙，只为向城头的美女献上一篮鲜花。而女性，她们所做的一切只是观赏与等待，缺乏任何意义上的主体能动性。这种表现手法，非常恰当地体现出传统"典雅爱情"中的性别关系模式。表面上看，处处以女性为先，似乎可以看作是女性获得男性重视的一种表现。然而恰如大多数研究者所指出的，兴起于12世纪文艺复兴的传奇文学中的女性形象虽然不再是一种破坏性的恶的力量，但是这种行为方式对社会中根本的男女关系模式没有太大的影响。它的局限性在于，女性只是一个客观的静止的对象，是男性用以完善自身、达到自身更高境界的激励物。[①]这个首饰盒实际上反映的是，在12—13世纪那个年代，正如

---

① [以]苏拉密斯·萨哈：《第四等级：中世纪欧洲妇女史》，林英译，广东人民出版社2003年版，第177-179。

埃利亚斯所言，对待女性彬彬有礼的做派仍属少数，占据主流的依然是那种"英雄颂歌"中表现出来的古老的、缺乏尊重的、野蛮的风气。[①]

　　而与此相比，16世纪挂毯艺术中表现出来的对待女性的态度可谓截然不同，这一点从英国维多利亚与艾伯特博物馆的《放鹰图》（图6）中可以鲜明地看到。这幅挂毯描绘的最受贵族喜爱的户外活动——放鹰狩猎。挂毯画面上，贵族们或策马缓行，或拿着长杆在够树上的果实，还有的蹲在池塘边徒手抓鸭子。贵族女性们有的在逗引飞鹰，有的正在接男伴抓回的猎物，还有的则与女伴一起在草地上嬉戏。房屋、小山，以及树丛这类景象明显带有文艺复兴时期图像的风格。[②]整幅画面充满了欢快的生活气息，人物千姿百态，表情生动。尤其是画面左下角的一对青年男女，男子回首望向女伴，两人四目相对，温情四溢。法国国立中世纪博物馆中的《狩猎归来》（图7）这幅作品更是以细腻的刻画来表现男女主人公之间的相互感情。画面展现的是妻子迎接打猎归来的丈夫的景象，女子左手握着长枪，应该是刚刚从男子手中接过，右手则要去拿男子递过来的野兔。男子骑在马上，左手放在胸前，向站在马边的女子俯下身子，好像在轻声说着什么。画面后方是城堡以及劳作的仆役。事实上，在16世纪，类似的挂毯应该为数不少。在1839年出版的《古代挂毯》一书中，19世纪著名的挂毯研究专家也列举了数幅表现贵族男女一起舞蹈或宴饮的挂毯。[③]

　　这些改变意味着从16世纪初开始，挂毯艺术中女性形象不再只是作为男性欲望与勇气的客体，而是已经有了自己的行动与情感，与男性有了对

---

　　① [德]诺贝特·埃利亚斯：《文明的进程》，王佩莉、袁志英译，上海译文出版社2013年版，第306页。

　　② Stella Rubinstein, A French Tapestry of the Late 15th or Beginning of the 16th Century, *Arts & Decoration (1910-1918)* , Vol. 7, No. 4 (February, 1917), pp. 183-185.

　　③ Achille Jubinal, *Les anciennes tapisseris historiées ou colllection des monuments les plus remarquables*, pp. 43-44.

等的交流与互动。虽然这些新的女性形象或许在很大程度上依然是以男性视角塑造勾勒的，但是新的社会礼仪与风俗已经悄然形成，挂毯中的"典雅爱情"已经呈现出与传统模式相异的画面。这背后就涉及挂毯中新的女性形象出现的第三个原因，也是最根本的原因——女性观的变化。

笔者认为，除了当时社会的现实（使用场合及女性订购者）与"典雅爱情"传统的影响之外，文艺复兴时期挂毯艺术中出现新的女性形象的最重要的根源在于当时的女性观出现了一些细微的变化，对两性关系也有了新的认识。这种变化不仅改变了人们在日常相处中对待女性的行为方式，更进一步直接反映在当时最盛行的挂毯艺术中。

中世纪文化对于女性的评价整体而言是负面的，不论是教会的还是世俗的道德家，都对女性充满了敌意，鼓吹女性天性软弱，是低于男性的存在，必须由男性加以管束。[1]尤其是教会，"厌女主义（misogynes）"倾向十分鲜明。在基督教的说教图像中，魔鬼经常与女性相伴出现，以此向世人传播邪恶，女性被认为是一切罪恶之源。[2]在中世纪许多教堂门口表现末日审判景象的石雕中，荒淫往往以一个丑恶的女性形象出现。与之相关联，教会即便承认婚姻对于延续家族后代有其必要性，也依然认为夫妻间过于亲密的关系无异于通奸。[3]在这样的主流思想下，很难想象图像艺术中会大量出现像前文提及的挂毯所表现的那种男女之间充满温情互动的画面。

随着中世纪慢慢走向晚期、文艺复兴的曙光逐渐到来，人们日益关

---

[1]　Maite Albistur et Daniel Armogathe, *Histoire du feminisme francais : du moyen age à nos jours*, p. 23.

[2]　关于中世纪的厌女主义，可参见：Guy Bechtel, *Les quatres femmes de Dieu. La putain, la sorcière, la sainte et Bécassine*, Paris: Plon, 2000。

[3]　Jean Verdon, *La vie quotidienne au Moyen Age*, Paris: Perrin, 2015, p. 70.

注尘世生活，重视人自身的体验与感受，这必然会引起对家庭生活与两性关系的重新思考。历史上第一场有关两性问题的争论——"女性之争"便是从此时开始。[1]如果说在15世纪初，为争取女性的平等地位著书立作的还只有被称为女性主义先驱的克里斯丁·德·皮桑一人，那么到了15世纪中叶，为女性权益发声的阵营逐渐壮大，譬如当时的文人马丹·勒法兰克在1440—1442年间写下著名的《女性捍卫者》（Champion des dames），1485年出版之后又在1530年再版。[2]此后文人尚皮耶于1503年出版《九位品行高尚的女性》一书。[3]意大利著名的人文主义者薄伽丘所撰写的著名女性故事集手稿——《赞美那些尊贵和虔诚的女性美德》一书的法文版，从15世纪末至16世纪初在法国广泛流行；他的另一本内容相近的著作《虔诚和出色的女性》，在16世纪30年代被许多书店收藏。[4]据法国史家维耶诺统计，在1540—1580年间，就出版了近50种以女性为主题的出版物。[5]1542年出版的《宫廷之女友》（L'Amie de Court）一书，刻画了一位美丽优雅又有知识的、独立的女性形象，被视为女性主义在文艺复兴时期

[1] Armel Dubois-Nayt, Nicole Dufournaud et Anne Paupert (dir.), *Revisiter la 'querelle des femmes', Discours sur l'égalité/inégalité des sexes, de 1400 à 1600*, Saint-Étienne: Publications de l'Université de Saint-Étienne, 2013, p. 7.

[2] Lindan Warner, *The Ideas of Man and Woman in Renaissance France: Print, Rhetoric, and Law*, Farnham: ASHGATE, 2011, p. 93.

[3] *Creating Women, Representation, Self-Representation, and Agency in the Renaissance*, Edited by Manuela Scarci, Toronto: The Centre for Reformation and Renaissance Studies, 2013, p. 25.

[4] Lindan Warner, *The Ideas of Man and Woman in Renaissance France: Print, Rhetoric, and Law*, p. 94.

[5] Armel Dubois-Nayt, Nicole Dufournaud et Anne Paupert (dir.), *Revisiter la 'querelle des femmes', Discours sur l'égalité/inégalité des sexes, de 1400 à 1600*, p. 10.

的典范。[①]

　　这些文本开始赋予女性不同以往的正面价值，提出："男性要阳刚，女性要有德行、贞洁和审慎。"[②]16世纪中叶的法国诗人、人文主义学者提亚德在其作品中盛赞女性的美德，并呼吁要向女性传播知识文化。他说："谁人不知那些斯巴达女性不仅是家里的女主人，也是管理公共事务的第一引导者？……倘若愚蠢没有蒙蔽这些厌女攻击者，这么多女性的美德和杰出的行为早已应该照亮了他们的黑暗。"[③]除了赞美女性自身具有的美德以外，另有许多意大利学者赞美婚姻与女性的著作也在此时被译介到法国。[④]有研究者提出，1530—1550年关于爱情的讨论重新界定了女性的位置，宣扬了和谐的两性关系。男性把自己的灵魂影子投射到所爱的人身上，被爱的人反映出他本身。[⑤]此外，也有不少贵族女性自己撰写相关作品，讨论两性关系。例如孔代亲王的妻子埃莉诺·德·卢瓦在她的书信集中强调妻子要爱自己的丈夫，她说："作为明智和贤淑的仕女，应该深爱其夫，对其恭顺，无比敬重他，可以为他奉献生命。"[⑥]弗朗索瓦一世的姐姐——纳瓦尔的玛格丽特，也曾亲自撰写戏剧讨论不同年龄的女性关

---

　　① Kathleen Wilson- Chevalier et Eliane Viennot, *Royaume de fémynie. Pouvoirs, contraintes, espaces de liberté des femmes, de la Renaissance à la Fronde*, Paris: Honoré champion, 1999, p. 206.

　　② Kathleen Wilson-Chevalier et Eliane Viennot, *Royaume de fémynie. Pouvoirs, contraintes, espaces de liberté des femmes, de la Renaissance à la Fronde*, p. 227.

　　③ Armel Dubois-Nayt, Nicole Dufournaud et Anne Paupert (dir.), *Revisiter la 'querelle des femmes', Discours sur l'égalité/inégalité des sexes, de 1400 à 1600*, pp. 45-48.

　　④ Lindan Warner, *The Ideas of Man and Woman in Renaissance France: Print, Rhetoric, and Law*, p. 94.

　　⑤ Kathleen Wilson-Chevalier et Eliane Viennot, *Royaume de fémynie. Pouvoirs, contraintes, espaces de liberté des femmes, de la Renaissance à la Fronde*, pp. 238-259.

　　⑥ *Creating Women, Representation, Self-Representation, and Agency in the Renaissance*, p. 66.

于爱情与婚姻的看法。

而且，这种强调两性关系或者婚姻关系中感情成分的观念在当时并不仅限于书面上的讨论，人们也赞美现实中恩爱的夫妇。就像奥兰治的威廉和波旁家族的夏洛特之间的婚姻，就被人称羡。威廉的弟弟这样写道："上帝赐给他（指威廉）一位以美德著称的妻子，她的虔诚和非凡智慧正如他所愿，他是如此温柔地爱着她。"[①]而夏洛特的女儿和她的丈夫特雷穆瓦耶公爵之间的书信往来也流露出双方深厚的感情。[②]另一个史实或许也可以证明这个阶段婚姻关系中出现了一些新的变化。那就是13世纪之前，在法国许多地区的婚礼上，只需要丈夫许下承诺愿意娶某位女子为妻，愿意照顾她；然而到了16世纪，婚姻的誓约需要夫妻双方共同完成，妻子也须表达自己的意愿，做出相对应的承诺。这一仪式上的变化暗含着女性在婚姻中不再完全被动，不再被当作纯粹的客体来对待。她被视为与其丈夫一样可做出承诺，并对此承担责任。[③]

思想观念上的变化反映在图像上就引发了一个重要的变化，那就是不再以套话式的隐喻方式去描绘女性，而是去尽力展现女性美丽温柔的魅力以及和谐美好的两性关系。像收藏在巴黎装饰艺术博物馆的《奥尔良的查理和他的妻子》这幅挂毯中，由两名天使拉着的红色的帐篷营造出温暖的气氛，查理和他的妻子玛丽并肩而立，两位主人公的头分别向对方微微倾斜，面部表情柔和，目光交融，使观者也能感受到他们之间的感情交流。画面呈现的氛围正如上文所描绘的威廉与夏洛特之间的温情。

---

① *Creating Women, Representation, Self-Representation, and Agency in the Renaissance*, p. 70.

② *Creating Women, Representation, Self-Representation, and Agency in the Renaissance*, p. 74.

③ André Burguière, *Le mariage et l'amour, en France, de la Renaissances à la Révolution*, Paris: Seuil, 2011, p. 292.

除了挂毯以外，其他的图像作品也同样体现出这种趋势。[1]例如，在15世纪初出版的《贝利公爵的奢华时光之四月》（图8）的年历画中，便是一群美丽活泼的年轻贵族女子在草地上采摘野花。[2]当时不少书中的插画也会以年轻女子为题材，如薄伽丘的《贵族妇女生活》中，就有多幅表现贵族女性生活场景的插图，画面细腻美丽。又如15世纪那本著名的《图尔朗德利骑士为教导其女所作之书》（图9）中，就有插图表现三名身着不同颜色衣裙的少女温顺地站立在父亲面前，聆听他的教诲，[3]与书中教导年轻贵族女子社交礼仪的内容相吻合。[4]另一幅无名氏所作的插画，则是描绘了一位年纪略长的红衣女性带着一名金发蓝衣少女一起采摘梨树上的果实。画上猴子在茂密的枝叶间蹦跳，四周鸟语花香。[5]更不用说凡艾克那幅著名的表现新婚夫妇的传世之作也是在15世纪完成的。挂毯艺术必然也受到此种潮流的影响。例如在装饰枫丹白露某个侧殿的过程中，挂毯制作者们就借鉴了大量其他艺术门类中的新形象。[6]由此可见，从15世纪初开始，图像中的女性整体形象不再只是恶与淫秽的象征，而开始呈现美好的一面，或美丽优雅，或温柔贤淑，或活泼可爱。图像中表现出来的男女关系，也不再是宗教氛围笼罩下的拘谨、严肃或是中世纪戏剧中呈现出

---

① 该时期的挂毯与其他图像艺术（玻璃镶嵌画、油画、插画）之间，经常通用某一人物造型模板，即同样的人物造型既会出现在挂毯中，也会出现在油画或玻璃镶嵌画中，具体研究可参见：Guy-Michel Leproux, *La peinture à Paris sous le règne de François Ier*, Paris: Presses de l'Université de Paris-Sorbonne, 2001, pp. 41-48.

② Sophie Cassagnes-Brouquet, *La vie des femmes au Moyen Age*, Renne: Editions Ouest-France, 2009, p. 92.

③ Sophie Cassagnes-Brouquet, *La vie des femmes au Moyen Age*, p. 18.

④ Geoffroy de la Tour Landry, *Le Livre du chevalier de La Tour Landry pour l'enseignement de ses filles*, pubilé par Anatole de Montaiglon, Paris: Jannet, 1854, p. 27.

⑤ Sophie Cassagnes-Brouquet, *La vie des femmes au Moyen Age*, p. 20.

⑥ Thierry Dufrêne,a tapisserie de haute lisse a Paris et la question décorative (XVIe siècle), pp. 88-107.

来的背叛、欺骗，而是开始带有一种现代意义上的对等交流与温情脉脉。

综上所述，挂毯作为当时最重要的室内装饰艺术，充分表现了人们思想观念上的改变趋势。当然，文艺复兴时期人文主义思想的兴起对挂毯主题的影响绝不仅限于表现贵族女性的日常生活，以古典神话故事为题材的挂毯此时也极为兴盛。以神话背景为主题的挂毯，同样也把女性形象呈现得非常美好。例如前文提及的亨利二世为普瓦捷的戴安娜所定制的八幅系列挂毯均是以古罗马神话中的狩猎女神戴安娜为主题，用暗喻手法讲述国王宠妃的故事。无论是哪种表现手法，活跃在文艺复兴时期挂毯上的女性新形象，不仅与早期中世纪以来那种背负着罪恶的女性形象截然相反，而且实际上体现了我们所考察的历史时期中男性心目中理想的女性形象。这些女性形象不再是"圣女"或者"恶魔"，她们是尘世间的女子，作为妻子、情人或者女儿给男性带来幸福与快乐，她们的存在是美满和谐的俗世生活不可或缺的重要部分。在对女性与两性关系开始给予正面评价的背后，蕴含着对人生的积极态度，对此岸生活的重新认识，这与整个人文主义思想重视人自身的价值、追求人世间的幸福的观念相契合。

三、图像与现实之间的距离

随着油画技术的日益提高，从16世纪末开始，虽然宫廷和上流社会的宅邸中依然可看到挂毯的身影，但它在室内装饰方面独占鳌头的地位逐渐让位于大型油画。不过，兴盛期并不太长的挂毯艺术依然为后世更全面地了解文艺复兴早期贵族女性的生活提供了非常珍贵的图像资料，例如表现女性狩猎的场面，这在传统史料中甚少出现。更重要的是，挂毯中描绘贵族女性日常生活场景的画面，无一例外地烘托了女性美好的一面——或温柔美丽，或活泼可爱，或英姿飒爽，同时也着力渲染出两性关系中和谐温情的氛围。这种表现倾向在整个中世纪都不曾出现，新的审美趣味隐含着新的性别观念。

然而，在下结论之前，依旧需要谨慎，因为大多数艺术作品中呈现的形象与现实之间总有着或远或近的距离，艺术形象与现实之间的关系究竟如何，这需要仔细甄别。[①]挂毯艺术也不例外。虽然从某种程度上，我们可以把挂毯艺术中呈现出来的美好的女性形象与两性关系看作是文艺复兴时期人们在思想观念上的改变的体现，然而，不得不指出的是，这种映射有时候会让后世研究者把特定时代的一个侧面理解为整体。两者之间的关系远非简单映射可以概括。就像该时期女性图像研究专家葛瑞科所说，塑造出来的表象更多基于观念而非现实状况，图像在更大层面上是某一社会群体的集体想象。[②]

从中世纪晚期到文艺复兴早期，蔑视甚至攻击女性的传统并未减弱，甚至在中世纪末又有一次集中爆发的"反女性潮流"，这种现象尤其存在于讽刺作品或短诗中。史学家对此的解释尚未达成一致。[③]但我们看到的史实确实印证了这一提法。在"女性之争"中，站在德·皮桑对立面、捍卫反女性立场作品《玫瑰传奇》（*Le Roman de la Rose*）[④]的学者并不在少数，其中还有赫赫有名的人文学者特莫刚。《玫瑰传奇》在1481—1538

---

① Martha W. Driver, "Mirrors of a Collective Past: Re-considering Images of Medieval Women" pp. 75-90.

② Sara F. Matthews Grieco, *Ange ou Diablesse. La représentation de la femme au XVI* *siècle*, pp. 16-17.

③ Armel Dubois-Nayt, Nicole Dufournaud et Anne Paupert (dir.), *Revisiter la 'querelle des femmes', Discours sur l'égalité/inégalité des sexes, de 1400 à 1600*, p. 9.

④ Guillaume de Lorris et Jean de Meun, *Le Roman de la Rose*, éd. par Félix Lecoy, Paris: Champion, 1965-1970.

年间再版了21次。①而更受后世研究者关注的是，从1430年前后到16世纪晚期，整个欧洲的猎巫案件大量上升。15世纪末斯潘若发表《女巫之锤》（*Marteau des Sorcières*），提出女性是撒旦的帮凶，是制造一切混乱与悲剧的根源。这样一本极端反女性的书在当时取得前所未有的成功，到1621年已经再版了30余次。②把女性看作撒旦帮凶的观点并无新意，中世纪一直盛行诸如此类的谬论，但是从它的广受欢迎可见反女性的观点在文艺复兴时期并无消退，甚至有增无减。到了宗教改革时期，天主教与新教纷纷指责对方要为人世间的混乱悲惨负责，整个欧洲成千上万的人被指控为巫师，许多人因此被处死，而其中绝大部分是女性。有人宣称自己在15年间烧死了900名女巫。更令人震惊的是，认为女性更易受巫术引诱的观点在当时最优秀的人文主义者中亦不乏追随者。《共和六书》的作者让·博丹就相信："神的法律告诉我们，男性比女性更不容易受到巫术的毒化。"③此外，许多同时期的图像资料依然对女性充满了恶意，将其视为魔鬼的帮凶或把女性与"愚人船"的意象相结合。④在涉及两性关系时，也依然可以看到许多贬低、物化或者竭力控制女性的资料。例如，在一幅1525年的木刻画中，作者用一把锁锁在画中女性的嘴上，用以表示女性应当沉默安静；用一条蛇缠绕在其腰间，表示她只能与其丈夫交谈。这幅木刻画题为《明智的女人》，强调的是女性应当对男性谦卑且绝对服从。⑤

① Lindan Warner, *The Ideas of Man and Woman in Renaissance France: Print, Rhetoric, and Law*, p. 94.

② Maite Albistur et Daniel Armogathe, *Histoire du feminisme francais : du moyen age à nos jours*, p. 73.

③ Maite Albistur et Daniel Armogathe, *Histoire du feminisme francais : du moyen age à nos jours*, p. 74.

④ Christa Grossinger, *Picturing Women in Late Medieval and Renaissance Art*, pp. 95-97.

⑤ Christa Grossinger, *Picturing Women in Late Medieval and Renaissance Art*, pp. 43-44.

而关于中世纪末法国贵族女性在社会政治生活中究竟处于何种地位，现有研究也尚未有定论，她们似乎处于一种既有一定自主权甚至统治权（在其领地上）但是又需要向其丈夫臣服的张力之中。①

所以，关于文艺复兴早期的法国挂毯中的女性新形象，或许应该从貌似矛盾的两个方面来看待。一方面，虽然人文主义思想也在某种程度上改变了人们对女性的看法，虽然此时已经部分摆脱了12—13世纪"典雅爱情"的那种英雄与其战利品之间的从属关系，至少能在挂毯艺术中以一种较为平等的方式来展现两性之间的关系，但是与当时的社会现实以及主流的思想史作品做一对照，我们就会发现，挂毯中的美丽女性实则不过是这时期开始慢慢重视尘世生活的男性们理想妻子的投射物。这样的幻象与真正的性别平等之间相隔千山万水。即便德·皮桑早在1390年就开始为性别平等发表著作，但她的响应者在此时，甚至以后的数百年间，都一直是少数派。因而有研究者认为，在这场转变中，女性依然只是一个中介媒体，最终要达到的是男性自身的完美，并非女性的完美；换言之，男性要从女性身上寻求隐藏的自身，以获得类似雌雄同体的圆满（Andogyne）。因此在这些论述中，强调的是女性的神秘性而不是关于女性的清晰的认知。②法国史家奥祖夫在谈及男性史家笔下的女性时，曾说过："龚古尔、米什莱或者圣伯夫等人为女性所作的人物志实则依然是男性体裁。"③借用此话，我们可以说，文艺复兴早期挂毯中的女性新形象也依然是男性视角下的产物。

---

① Georges Duby et Michelle Perrot, *Histoire des femmes en Occident*, Vol 2, Paris: Plon, 1991, pp. 290-291.

② Kathleen Wilson-Chevalier et Eliane Viennot, *Royaume de fémynie. Pouvoirs, contraintes, espaces de liberté des femmes, de la Renaissance à la Fronde*, pp. 238-259.

③ Mona Ozouf, *Les Mots des femmes. Essai sur la singularité féminine*, Paris: Fayard, 1995, Introduction.

　　另一方面，笔者认为，虽然这些女性形象并不能摆脱男性塑造其理想女性的视角与意图，无法从中再现女性作为历史主体的经验，但是文艺复兴早期毕竟是一个新旧交杂的时期，虽然厌女倾向的旧传统依然强大，但是倘若把15—16世纪法国挂毯中的女性形象与中世纪早期塑造的女性形象做一比照，我们就能觉察到，这个时期人们看待女性的方式发生了微妙的改变。从一种混合了厌恶、鄙视、拒斥甚至恐惧的负面态度转变为慢慢开始去欣赏和体会女性的温柔与娴静所带来的美好感觉。虽然挂毯中呈现出来的"美好女性"形象究竟是否拥有主体性，或者说在何种程度上拥有其主体性是一个相当复杂的问题，但是假设文艺复兴时期没有诞生这样一种新的女性观，而是依旧延续带有强烈中世纪色彩的厌女主义倾向，那么很难想象法国社会到了17、18世纪，将会出现由女性主持各类政治文化沙龙、推进社会文化发展的局面。因而，挂毯中新的女性形象的意义在于，在漫长的中世纪之后，在近代社会开启之初，重新展现出真实的、美好的女性形象。即使它与女性现实中的社会地位之间相去甚远，但至少新的观念已经开始萌发。而且，更重要的一点在于，这一时期被高度彰显的女性特质——美丽、温柔、优雅娴静，这种"美好"的女性形象对于当代人来说并不陌生，因为"她"历经宗教改革、启蒙时代、法国大革命，一直到19世纪维多利亚时代，始终被西方主流观念认为是完美的女性，是男性理想的伴侣。所以，通过表象史上的这一鲜明变化来仔细探究这样的形象背后所具有的深意，对于理解文艺复兴早期在性别史上的重要意义不无裨益。

第二章 路易十四时期的
法国贵族与时尚之诞生

——权力的外衣还是消费社会的崛起？浅谈17世纪法国时尚之缘起

当人们讨论时尚的时候，法国总是一个无法绕过的词。因为"法国"本身仿佛就是时尚的同义词，意味着优雅、精致，出众的品位……那么，人们不禁要问：法国是从何时开始统治时尚帝国的？为何同时代的英国、意大利，或者其他欧洲国家都没有成为时尚的代言人，而只有法国从17世纪开始就以一种傲视群雄的姿态坐在了时尚帝国的宝座上？虽然"时尚帝国"（L'Empire de la mode）这个词直到1731年才出现，但现代意义上的时尚的诞生与此相比大约要早一个世纪。梳理时尚的诞生，需要回到17世纪的法国，路易十四统治时期的巴黎。

学界传统观念认为，时尚的兴起与法国奢华的宫廷文化密切相关。对时尚的传统界定，就是追随宫廷，时尚传统的机制是强调权力和地位的等级制。[①]然而，现代意义上的时尚是否真的是由宫廷孕育的？时尚是否一定与贵族的奢侈相联系？近年来学界对此颇有争议，笔者也认为上述观点值得商榷。因为除了关注路易十四时期的宫廷服饰文化所起的重要作用之

---

① Kathryn Norberg and Sandra Rosenbaum, *Fashion Prints in the Age of Louis XIV*, Lubbock: Texas Tech University Press, 2014, p. 95.

外，我们还应当看到宫廷之外，远离凡尔赛的巴黎塞纳河两岸在17世纪发生了什么样的变化，出现了哪些新生事物。这些新近萌芽的因素是不是促生今天意义上的时尚的真正源头？简言之，究竟是凡尔赛还是巴黎，才是17世纪法国时尚真正的摇篮？

另一方面，众所周知，时尚服装与奢侈服装之间既有联系又有区别。后者指的是完全脱离其本身的价值与功能，人们借以追求纯粹"无用的审美"及其所代表的身份、地位或者财富等象征意义的服装，而时尚服装或许在价格上没有那么高不可攀，但是它有一个时效性的问题，即时尚只关心最新潮流。更有意思的是，一旦模仿群体超过一定规模，时尚的服饰立即变为过时（dépasser la mode）了。而这套"模仿与反模仿"、"引领与追逐"的独特游戏流传至今，依然是理解时尚商业的核心。回到17世纪时尚诞生之初，或许就应当围绕"何以在模仿与反对的辩证关系中，时尚概念作为一个整体，传遍全社会"①这一关键问题来展开。

一、宫廷文化与奢侈华服

文艺复兴之后，欧洲的宫廷文化兴起。史家公认，在诸多西欧宫廷中，尤以法国宫廷文化最为光彩夺目。这或许是因为16世纪晚期至17世纪初的宗教战争与投石党运动使法国的君主更注重用宫廷文化加强王权。而服饰时尚，是宫廷文化中至关重要的一部分，在安托瓦内·菲勒蒂埃（Antoine Furetière）于17世纪末编撰的法语词典中，狭义的"时尚"就是被界定为"在宫廷中流行的服装"。当然"时尚"（la mode）一词在诞生之初已经拥有比服饰时尚更广泛的内容，它的含义是指行为举止的方式乃至生活方式的整体。

---

① Kathryn Norberg and Sandra Rosenbaum, *Fashion Prints in the Age of Louis XIV*, p. 93.

宫廷中流行的服装成为整个上流社会追逐模仿的对象肇始于路易十四时期的凡尔赛。与其他王室不同，法国宫廷服装以极其奢华著称。在流传至今的画像中，我们可以看到，不论是路易十四自己还是其他的大贵族，他们的服装无一不是镶金带银，缀满精致的蕾丝花边，点缀着无数的珠宝钻石。一直到18世纪，巴黎的时尚行业的最大主顾群体始终都是居住在罗亚尔宫（palai-royal）一带的大贵族们。[①]即便是一件并不出众的宫廷贵妇装（grand habit）大约也需要花费2000多锂，这是当时普通劳动者6年的收入。[②]而重要节庆的礼服则会高到上万锂，几乎是一个工人一辈子所能挣得的工资。一般观点往往把这些耗费巨资的华服看成是贵族等级腐化堕落的象征。比如在18世纪70年代，便有不少作者发文抨击人们对浮华外表和时尚服饰的盲目追求，像萨维尼教士格提耶的著作《反对迷恋首饰和奢侈服装》便是其中一例。[③]布尔迪厄认为贵族的消费是他们在彰显其远离经济的权力，他说："经济权力首先是一种远离经济必然的权力：这就是为什么它普遍通过毁灭财富、炫耀性消费、浪费和各种无理由的奢侈形式表达出来。"[④]然而事实上，贵族们在衣着外表上的巨大花费却是他们这一群体不得不背负的义务。首先，路易十四要求贵族入宫时必须身着华丽服装，否则会被视为极为失礼的行为，因为人们相信只有华丽隆重的服装才能显现贵族高贵的出身和与众不同的德行。其次，当时有观点认为，奢侈

---

① Natacha Coquery, *Tenir boutique à Paris au XVIIIᵉ siècle Luxe et demi-luxe*, Edition du Comoté des travaux historiques et scientifiques, Paris, 2011, p. 164.

② Philip Mansel, *Dressed to Rule : Royal and Court Costume from Louis XIV to Elizabeth II*, New Haven: Yale University Press, 2005, p. 3.

③ Daniel Roche, *La Culture des apparences : essai sur l'histoire du vêtement aux XVIIᵉ et XVIIIᵉ siècles*, Paris : Le Seuil, 1991, p. 19.

④ [法]皮埃尔·布尔迪厄：《区隔》，刘晖译，北京：商务印书馆2015年版，第90页。

服装有利于法国绸缎、蕾丝等大批行业的兴盛，也有利于社会财富的流动，而贵族等级的义务就是慷慨地消费，使财富在整个社会中有效流动，而不是像斤斤计较的商人群体那样只顾自己积累财富而罔顾其他阶层的生计。另一方面，奢侈的时尚服装与礼仪、语言一起，形塑着宫廷里廷臣贵妇的行为举止，彰显着宫廷的等级结构，成为法国君主制统治方式中不可或缺的重要环节。

路易十四尤其擅长将时尚作为加强王权统治的一种工具来树立个人与王室的无上威严，使凡尔赛成为欧洲宫廷文化的中心。深谙时尚之道的他，不仅在每个重要场合都以华服示人，更把每天的起床穿衣、脱衣就寝都编排为一串冗长繁复的仪式，以此彰显帝王权威。宫廷里的服装潮流通常都是围绕着国王或者国王宠妃的喜好变化，所以时人曾经怀疑路易十四用时尚这一策略使大贵族们在服装上花费无数钱财以至于深陷债务问题，以此来削弱贵族的力量。不过从国王常常替身边贵族支付他们拖欠的裁缝费用来看，他的意图更在于彰显其宫廷的富贵与权威。[①]路易十四希望他的凡尔赛宫是整个欧洲最奢华、最耀眼的宫廷。由于太阳王和他统治下的宫廷确实在塑造17世纪的法国文化特点中起到了举足轻重的作用，所以也不难理解许多史家将其视为时尚的开创者。例如若昂·德让（Joan Dejean）就这样说道："感谢路易十四，法国才赢得了可以为高尚生活著书的名声。"他并不否认出色的手工艺者们的贡献，但是他认为，"大范围的才华涌现离不开统治法国的宫廷对格调和审美的执着追求"[②]。

但是，如果仅仅注意到路易十四及其宫廷奢华风尚的作用，似乎还

---

① Philip Mansel, *Dressed to Rule : Royal and Court Costume from Louis XIV to Elizabeth II*, p. 3.

② [美]若昂·德让：《时尚的精髓——法国路易十四时代的优雅品位及奢侈生活》，杨翼译，生活·读书·新知三联书店2012年版，第6页。

第二章图　《图卢兹伯爵画像》

图卢兹伯爵是路易十四与蒙特斯潘夫人的儿子。画中年轻的王子装束非常华丽，大量的羽毛与蕾丝展示着皇家身份。

Emmanuel Le Roy Ladurie, *Saint-Simon and the Court of Louis XIV, translated by Arthur Goldhammer*, Chicago: University of Chicago Press, 2001.

不能很好地解释时尚文化在法国的崛起。因为一方面路易十四本人对于时尚潮流的掌控究竟有多强的影响力依然是个谜。例如在其统治期间，路易十四非常不喜欢某款裙子，于是下令禁止宫廷女性穿着该款裙子出现在凡尔赛宫，但是贵妇们依然我行我素，对这款被禁止的裙子反而趋之若鹜。另一方面，路易十四为了促进法国高级蕾丝行业发展，让裁缝在自己的服装上大量使用蕾丝花边，使得贵族们也紧随其后用极其昂贵的蕾丝大范围装饰全身。但是，即便路易十四及其宫廷有意识地支持并花大力气推动法国的时尚服装业，倘若没有更广泛的消费群体加入到时尚产业中来为其提供源源不断的顾客，仅凭凡尔赛的几千人或许还是很难让时尚帝国起锚。因为即便在中世纪，贵族男女的服装发型也有其款式材质的变化，到了文艺复兴时期，意大利的服装潮流也在欧洲宫廷之间被追随与模仿。但这些潮流变化都不太符合现代意义上的时尚概念，因为它缺乏现代时尚特有的"快速地产生、传播及消亡"规律。而且如果某种服饰只是在宫廷这样一个小圈子里流行变化的话，它始终不能获得现代意义上的引导潮流的意义，故而无法被称为时尚。时尚，它必须辐射到人数更大的群体中，为更多的人所知晓、模仿，这才能被称为引领潮流，否则就无法与此之前那种简单的服装款式的变化产生本质上的差异。所以，研究时尚的起源，或许需要把先前认为的时尚与宫廷奢华的密切联系加以淡化，而去深入考察其他社会要素。

二、沙龙文化的崛起

结合时代特征，我们需要看到，在宫廷文化极度兴盛的同时，法国的上流社会也开始了德国社会学家埃利亚斯称为"弥散化"的过程。在《宫廷社会》中，埃利亚斯写道："上流社会的文化与生活经历了缓慢的去中心化过程。有教养的交际圈中心和名流社会经历了王宫—亲王宫殿—大贵族府邸—富裕的中产阶层的演化。正是在这个演化阶段，上流社会交际圈产生了著名的沙龙文化。"①17世纪的法国文化中最鲜明的特征便是沙龙的兴起。有教养、有品位的群体不仅生活在凡尔赛，也在巴黎各大宅邸四处活动。大贵族几乎都在巴黎拥有自己的府邸，他们不仅在政治上形成了一股不可忽视的离心力，在时尚潮流中，也形成了与宫廷相抗衡的力量。到了路易十四统治晚期，这种弥散化的倾向越来越严重，巴黎的沙龙圈日益成为文化与时尚传播的另一个舞台中心。举办或参加沙龙的，不仅有佩剑贵族、穿袍贵族，也有从外省甚至外国来到巴黎试图一展才华的各种文人、艺术家。许多沙龙虽然讨论的是诗歌、古典文学或者时事政治，但是参加的人都会非常注重自身的仪表。不仅极具才华的沙龙女主人往往会打扮得相当优雅迷人，与会的宾客也莫不如此。比如，为了参加朱斯特尔小姐（Mlle Justel）每周三举办的聚会，人们总是盛装出席。在著名的朗布耶伯爵夫人（Marquise de Rambouillet）家中，再有才华的作家也不能忽视他自身的衣着打扮。因为在当时流行的新柏拉图主义观念中，外在形式与内在本质是不可分割的，所以服饰、礼仪、言谈举止都是一个人内在修养的体现，缺一不可。而且沙龙中的服饰时尚，不再是一味地强调奢华，而是更注重个人风格以及自然和谐之美。路易十四曾经下令禁止贵族妇女在宫廷中穿着她们在沙龙里的服饰，但收效甚微。当服饰时尚的舞台从凡尔赛转移到巴黎，那就意味着服饰时尚已经不再仅限于作为金字塔尖的宫廷社会用以彰显其权威与财富的工具，它与文雅礼仪、谈话艺术一起，成为一种新的社会阶层的标志，一种新的自我界定的方式。总体而言，法国社会在17世纪变得更注重礼仪，注重服饰审美，因为上流社会的人们，正如布

---

① Norbert Elias, *La société de court*, Paris: Calmann-Lévy, 1994, p. 64.

尔迪厄所说，通过他们对美与丑、优雅与粗俗所做的区分而将自身与他者区别开来，他们在社会阶层分类中的位置便表达或体现在这些区分之中。这使得时尚的发展获得了重要动力。

三、时尚杂志的出现

不论是宫廷还是沙龙，出入这些场所的人们都属于社会结构的金字塔顶端，如果服饰潮流仅仅在这些精英阶层小范围内传播，那么距离现代意义上的时尚总归还缺乏更广泛的受众。如果服装总是以极度奢侈的姿态出现在宫廷或者亲王们的府邸，而无法延伸到那些阶层更低的群体，那么服饰潮流变幻永远只是贵族们的游戏，就如同它们此前在法国的宫廷，或者在当时欧洲其他宫廷里所担当的角色。以往研究服饰的学者往往更多关注这些处于财富与地位巅峰的群体，却忽视了17世纪的中产阶级由于家庭财富的积累逐渐有了更强的消费能力，而这些群体对于外表的追求恰恰是服饰真正在社会上流行传播起来的根本原因。因为时尚最重要的特征之一便是德国社会学家齐美尔所说的"滴流论"，即社会较低阶层模仿较高阶层的服饰。如果说巴黎的沙龙文化使得时尚走出宫廷，走向范围更大的上流社会，那么17世纪更多服饰消费者的出现以及他们对于宫廷或者沙龙中奢侈服装的模仿则是服饰时尚诞生的肥沃土壤。面向大众的时尚杂志与时尚版画的兴起既印证了这一点，同时也对时尚向更大范围的传播起到了举足轻重的作用。

首先来看时尚杂志，法国最有名的《水星报》（*Mercure*）诞生于1605年，后更名为《文雅水星报》（*Mercure Galant*）。以《水星报》为首的各类报刊的主要内容往往是报道凡尔赛及巴黎各类沙龙的趣闻轶事，巴黎的公众节日、宗教典礼以及当时文化圈的最新动向。每当涉及王室的重要庆典或者是巴黎知名人士的新闻时，报道者总会向读者描绘当事人的衣着打扮。在其改名为《文雅水星报》之后，更是成为一份名副其实的追踪报道巴黎最新服饰的时尚杂志。例如，在王太子被授予圣灵骑士勋章的仪式上，《文雅水星报》的编辑就详细描写了他的华丽衣着："他的帽子是黑色丝绒制成，围着一圈钻石饰带，白色的羽饰是苍鹭的羽毛，还有无数的钻石装饰着他的领口。"在编辑的笔下，王室婚礼更是被各种美艳华服、珠宝钻石点缀得绚烂夺目："孔代亲王穿着小麦色的缎纹织锦，点缀着钻石的黑色丝绒绲边。与此配套的是他的黑色丝绒大衣，装饰着火焰般的金色缎带。"而凡尔赛宫里接连不断的芭蕾舞表演、假面舞会、各种嘉年华盛会更是《水星报》经久不衰的话题；王子、公主以及上流社会的贵族们的盛装华服经由这些时尚媒体的报道，为法国社会其他阶层的人们所争相模仿。除了《水星报》以外，到了18世纪，巴黎更是出现了多份专门针对时尚服饰的杂志，如《仕女报》（*Journal des dames*）、《时尚杂志》（*Magasin des modes*）。当然，不可否认的是，这些时尚杂志在推动时尚兴盛、促进媒体行业迅速发展的同时，也导致了人们的虚荣攀比。例如《水星报》曾讲述一个市民妇女渴望像时尚杂志上的贵妇一样穿上塔夫绸制成的衣裙，但苦于经济拮据，只能用劣质的布料来模仿。当时社会风俗之奢靡浮夸由此可见一斑。所以不难理解当时有许多有识之士撰文批评人们对时尚的盲从，像路易十四时期的圣西门公爵就在其回忆录中痛斥对华服的追求让人们一掷千金，甚至为此倾家荡产。

四、时尚版画与时尚业

除了时尚杂志以外，在时尚诞生之初，同样起到重要作用的还有当时的版画行业。最早的人物版画多为《圣经》人物，如圣母像是非常受欢迎的主题。人们购买这样的版画用以祈祷或者庇护家庭。到了17世纪中叶，版画的主题发生了变化。出现在这些长约14英寸、宽约9英寸的单幅带框小版画上的，常常是一位英俊的男士或者美丽的夫人，他或她总是穿着最新款的服饰。这些版画并非真实的人物肖像画，虽然有时这位先生或者夫人会被冠以当时某位真实人物的姓名头衔，但人们关注的焦点并非人物本身，而是他们所带来的最新服饰的款式与样式，这就是17世纪巴黎流传甚广的时尚版画。它们用直观的图像与简洁的描述相结合的方式把时尚的最新信息传播给大众。

据法国史家罗什统计，时尚版画传播的服饰图像在数量上超过总数的50%，远远超过杂志、绘画或者雕像等途径。[①]当然对于时尚版画是否是当时促进时尚服饰行业发展的最大动因，史学家对此依然没有达成共识，克莱尔·瓦尔舍（Claire Walsh）和阿兰·德孔布（Alain Decombes）认为其作用相当有限，因为巴黎最大的首饰商在1774—1778年只做了15个广告，商业推广更多是依靠店面展示。[②]而若昂·德让则深信早在17世纪晚期，时尚行业的商人们就已经把广告手法运用得炉火纯青。这些时尚版画甚至不再只是展示最新的服装潮流，而是更进一步地"推销一种纯粹的概念，一种生活方式"[③]，就像几百年之后的电视广告售卖的不仅是消费品，更多的是生活理念和价值观念。

从现存版画的场景及构图来看，不论时尚版画在当时是否有力地推动了服装行业的经营与销售，它们都从此把贵族的生活方式或者说大众想

---

①　Daniel Roche, *La Culture des apparences: essai sur l'histoire du vêtement aux XVIIe et XVIIIᵉ siècles*, Paris: Le Seuil, 1991, p. 19.

②　Natacha Coquery, *Tenir boutique à Paris au XVIIIᵉ siècle Luxe et demi-luxe*, p. 43.

③　[美]若昂·德让：《时尚的精髓——法国路易十四时代的优雅品位及奢侈生活》，第43页。

象中的贵族生活以某种前所未有的方式呈现在公众面前。从现存的17世纪时尚版画内容来看，人们热衷于贵族妇女梳洗打扮、阅读信件，或者在花园散步等各种场景，高贵的名字被列在由版画家们创造出来的虚拟人物画像身边。贵族的整体形象不再局限于定制肖像画中那些骑着高头大马的英武骑士，也不再是富丽堂皇的宫廷中姿态优雅的贵妇，他们的名字和形象出现在售价并不昂贵的时尚版画中，出现在街头店铺的摆设中，成为人们像收集卡牌一样购买的对象。高高在上的形象一下子变得唾手可得，这从某种程度上改变了民众心目中原本因森严等级产生的对于贵族等级的距离感，也使得后者长期以来已经在不断丧失的权威感消失得更快了。

从17世纪中叶开始，巴黎的圣扎克街（Rue Saine Jacques）成为时尚版画的集散地。到了1691年，从事时尚版画的手艺人组成了正式的行会，这说明这一行业在当时获得了长足发展。像贝兰（Bérain）、博纳尔（Bonnart）、勒博特（Lepautre）家族等，都是当时非常有名的时尚版画制造商与销售商。而圣扎克街上兴盛的时尚版画居然还引起了版画商与巴黎美术学院之间的矛盾。留存至今的上百张当时的时尚版画足以证明时尚版画在当时流传甚广，拥有广泛的消费人群。就像美国学者尼科尔森（Kathleen Nicholson）所说，如果购买真正的时尚服装是当时许多人遥不可及的奢侈梦想，那么，购买时尚版画则成为最方便的替代品，人们以购买时尚版画的方式来获得新的时尚信息，实现个人对美的追求。时尚便借由这种方式从优雅高贵的沙龙中向巴黎街头更低阶层的人群进一步扩散。

更有意思之处在于，虽然版画上的人物多为王公贵族，但是版画的大规模流行却使得法国贵族的整体形象遭到了削弱。因为以往公众其实很难近距离接触到贵族们的肖像作品，大型的肖像油画总是高悬在华丽庄严的宫廷或贵族的豪宅中。现如今，只要花费很少的钱，就可以拥有一张印有"某某公爵夫人"头衔的女士画像。也许公爵夫人本人长得完全不是画像中的模样，但是这并不妨碍顶着她的头衔的女士形象出现在各类背景模糊的版画中。这位"公爵夫人"或在花园中散步，或与其女伴玩乐，有时则是在闺房中阅读。在传播最新式流行服饰的同时，这样的版画无疑也满足了人们对于上流社会生活的好奇心，即便版画呈现的场景与事实相去甚远。

时尚版画的兴盛，或许可以用消费社会的萌芽来解释。罗什认为，消费社会和第一批消费者雏形的崛起可分为三个现象来看待：整体财富和日常生活用品的增加，同质化消费需求的减退，以及在不同时间和场合使用不同物品的差异化需求的产生。17世纪时尚文化的发展无疑恰如其分地对应了这一归纳。[1]时尚版画兴盛的背后是巴黎欣欣向荣的时尚行业。据法国史家娜塔莉统计，发展到18世纪，巴黎七大类商业团体中，奢侈行业与服装行业占据了49.5%的人数，整个巴黎的奢侈行业有1671家店铺，其中服装店铺1382家，最繁忙的商业街在圣丹尼斯（Saint-denis）一带，仅那里就有超过1000家商铺，是巴黎时尚产业的聚集地。[2]

五、结语

这些时尚杂志或时尚版画的兴起，说明了当时社会对最新时尚信息产生了巨大的需求，而这种对新事物的关注恰是新的社会需求正在悄然形成的信号。同时也证明了，时尚不再是宫廷贵族们专享的"特权"，它向更广泛的人群扩散。换言之，社会经济的发展使更多的人有可能去关注时尚、消费时尚。巴黎的时尚店铺也就是在此时从圣奥诺雷大街到歌剧院一

---

[1]　Natacha Coquery, *Tenir boutique à Paris au XVIIIe siècle Luxe et demi-luxe*, Preface.

[2]　Natacha Coquery, *Tenir boutique à Paris au XVIIIe siècle Luxe et demi-luxe*, pp. 139-155.

带次第出现。巴黎时尚行业的发展甚至成为当时招徕游客的最大亮点。各种介绍时尚信息的小册子、导游图详细地介绍着各类时尚店铺的分布。所以真正推动时尚发展的，并不是以路易十四为代表的宫廷贵族文化对炫耀权力的需求，而是新兴阶层对新的生活方式的追求，对逾越等级社会既有界限的诉求。不论是时尚杂志的兴起还是时尚版画的发展，其背后都离不开一个强大的市民社会的崛起。

因此，虽然不能否认在法国时尚的诞生过程中路易十四个人所起的重要作用，他的性格、权威与措施对于推动法国时尚的诞生与发展都具有不可忽视的影响，但是我们也应该看到，路易十四的宫廷中奢华的服饰是导致当时贵族阶层背上沉重债务的重要原因，宫廷时尚引领的奢华风潮是社会财富与资源浪费的一大根源。而这种对奢华与浮夸的追求，与时尚崛起的真正缘由之间尚有距离。相反，应当看到在当时的时代背景之下，抛开追逐奢华的因素，时尚的兴起有其在社会经济文化层面所发生的微妙变化的原因。沙龙文化的兴起，时尚杂志、时尚版画等新生事物的产生，这些看似完全没有联系的因素为何均在时尚的诞生中推波助澜？它们是否意味着一种与前现代社会的传统价值观截然不同的社会取向？在个人品位的追求背后是否代表了与传统团体主义的精神文化结构的断裂？当代社会学家李波维斯基（Gilles Lipovetsky）主张把时尚视作自由主义与个人主义的最佳表达。他说，时尚的观念及其主体凌驾于等级社会之上的表现创造出了一片可能的场域，这就是"时尚帝国"。从这个角度出发，或许可以通过梳理时尚诞生的缘由，从而更好地理解社会转型过程中的17世纪的法国社会。正如威廉·雷（William Ray）所言，时尚给予了17世纪一个新的解释框架，时尚不仅是奢侈产业，还是意义和行为的体系。①

　　法国著名史家勒高夫曾经说过，住所与服装为历史学家—人种学家提供了机会来进行静止与变化之间的对话。品位与时尚的问题在这些领域是最主要的，要通过跨学科合作来研究，审美学家、符号学家、艺术史家应当与历史学家和人类学家联合。②虽然他谈论的是中世纪的历史，但是对于整部人类文化史而言，大概都是有启发意义的。

---

　　①　Kathryn Norberg and Sandra Rosenbaum, *Fashion Prints in the Age of Louis XIV*, pp. 94-95.

　　②　[法]雅克·勒高夫：《试谈另一个中世纪——西方的时间、劳动和文化》，周莽译，商务印书馆，2014年，第422页。

第二篇　性别与政治

第三章 《萨利克法典》的"神话"与法国无女性继承王位之传统

在探索现当代法国女性在政治领域遭遇困境的根源时，不少女性史研究者会把矛头指向《萨利克法典》，将其解释为法国女性被排斥出政治领域的一大缘由。例如，美国新文化史家戴维斯认为，在法国，《萨利克法典》禁止女性统治国家。[①]法国著名女性史专家弗雷斯（Geneviève Fraisse）和米歇尔（Clément Michèle）等人也认为，造成今日法国女性在政治领域遭遇困境的主要原因在于《萨利克法典》仍在起作用，或者，它遗留下的精神传统在当代仍然清晰可见。[②]但是，另一些法律史研究者，如美国的吉塞尔（Ralph Giesey）等人，则一直强调，在《萨利克法典》从14世纪重新被发现直至16世纪被尊为法兰西王国的"基本法"这一过程中，始终不存在人为地故意针对女性、排斥女性的主观意图，它被推上基本法神坛的过程是当时特定政治历史条件下，法国王位继承制度逐渐成熟完善的结果。简言之，这并不是一部针对女性的法律，它的初衷并非针对

① 娜塔莉·泽蒙·戴维斯：《法国近代早期的社会与文化》，钟孜译，许平校，中国人民大学出版社2011年版，第178页。

② Éliane Viennot, *La France, les Femmes et le Pouvoir. 1. l'invention de la loi salique (V^e-XVIe siècle)*, Paris: Perrin, 2006, p. 8; Clément Michèle, "Éliane Viennot, La France, les Femmes et le Pouvoir. 1. L'invention de la loi salique (V^e-XVIe siècles)", *Réforme, Humanisme, Renaissance*, No. 67(2008), pp. 181-183.

性别差异。

两派观点各执一词。但是，如果仔细梳理《萨利克法典》重新出台时复杂的政治事件，以及当时对于女性涉政的主要论述，就会发现这两种主张并非不可调和。《萨利克法典》的重新被发现确实与性别歧视没有直接的关联，然而，这并不意味着它出台之后，对法国女性的政治角色毫无影响。在众多反对与抨击女性从事政治活动的历史文献之中，《萨利克法典》凭其"基本法"的法律地位，成为捍卫男权至高无上地位的最有力证据，在性别史上产生深远影响。

虽然对于《萨利克法典》的研究已经为数不少，尤其是专治中世纪的历史学家或法学史领域的学者们侧重各有不同。如上文提及的吉塞尔以及里谢（Pierre Riché）等人较为关注《萨利克法典》所反映出的社会状态以及蛮族传统与罗马传统之间的影响，流传下来的几十个手稿版本之间的差异也令他们颇感兴趣。[1]美国历史学家汉利（Sarah Hanley）也曾编撰过一部关于该法典的文献集讨论这一问题。[2]国内中世纪专家陈文海教授曾对《萨利克法典》在中世纪晚期的复兴原因做过深入剖析。[3]但上述研究并未涉及《萨利克法典》如何成为排斥女性、捍卫男性政治权利的原典。法国史家维耶诺的研究尽管略有涉及，但未能深入剖析政治史与性别话语体系的演变之间的复杂关系。[4]

---

[1] 参见：Pierre Riché et Patrick Périn, *Dictionnaire des France:Les Mérovingiens et les Carolingiens*, Paris: Bartillat, 2013; Santinelli Emmanuelle, "Continuité ou rupture? L'adoption dans le droit mérovingien", *Médiévales*, Vol. 17, No. 35 (1998), pp. 9-18.

[2] Sarah Hanley, *Les droits des femmes et le loi salique*, Paris: Indigo & Côte-femmes, 1994.

[3] 陈文海：《〈撒利克法典〉在法国中世纪后期的复兴和演化》，《历史研究》1998年第6期，第108–121页。

[4] Éliane Viennot, *La France, les Femmes et le Pouvoir. 1. l'invention de la loi salique (V^e-XVIe siècle)*.

本文旨在从女性史的角度去考察《萨利克法典》的重新出台，尤其关注这部法典被推上"基本法"神坛之后，如何被历代反对女性涉政的学者反复引用论证，成为他们对政治领域中的女性口诛笔伐的最强有力的武器。因此，我们需要回到《萨利克法典》在14世纪被重新发现的历史语境之中，了解当时及此后法国思想界关于性别与政治的思考与讨论，回答《萨利克法典》这部与看似并非针对女性的法典，为何在法国女性史上产生了深远的影响。通过对该问题的梳理，笔者尝试探索政治事件与性别观念如何互相交织与影响，再现性别史与政治史之间错综复杂的关联。

一、《萨利克法典》：从蛮族民法演变为"王国基本法"

现有研究认为，《萨利克法典》最早是在6世纪初，据称是由法兰克人的国王克洛维参照罗马法及日耳曼人的传统习俗制定颁布的一部民事法律，[①]最早形成版本已无从考证，流传下来的多个版本主要涉及各类人身伤害及其相应的罚金，其中亦包含关于财产继承的若干规定。到了封建时代，由于封建习惯法的兴起，这部成文法逐渐被人遗忘。[②]由此可知，这部法典，从其性质而言，并非是一部有关王位继承方式的基本法。虽然在16世纪法国诸多历史学家或法学家那里，由于它的相关条文"宣称"规定

---

① Colette Beaune, *Naissance de la Nation France*, Paris: Gallimard, 1985, p. 264.
② 关于《萨利克法典》最初版本的考证，可参考Karl Ubl, "L'origine contestée de la loi salique. Une mise au point", *Revue de l'IFHA* [Enligne], 1/2009 (URL : http://ifha.revues. org/365).

了法国王位继承原则而被抬高至王国基本法的地位，[①]但事实上，从法律制定的目的而言，在其颁布之初完全不涉及王位的传承。该法典规定的是私法领域的行为，旨在用罚金的方式取代5—6世纪盛行的血亲复仇行为。

而《萨利克法典》中最引人关注的便是大名鼎鼎的关于"份地"（de alodis）的第62条，虽然各个版本在行文上有细微出入，但是目前史家公认，该条文的主要内容还是确定无疑的，它明确规定："萨利克土地，不得传于女性继承，只能在男性中继承。"（De terra vero Salica nulla in muliere hereditatis transeat porcio, sed ad virile sexustota terra proprietatis sue possedeant.）[②]简言之，女性不得继承萨利克土地。于是，何谓"萨利克土地"成为各方争论的焦点。15世纪的许多法学家相信，"萨利克土地"（terra sallica）指的就是法国王室的领地，因此他们坚称，《萨利克法典》中对于"萨利克土地"继承方式的规定，实际上就是最早关于法国王室领地即王位继承的规定。这一观点在14—16世纪广为流传。到了18世纪，以孟德斯鸠（1689—1755年）为代表的一些学者认为，"萨利克土

---

① 事实上，"基本法"（loi fondamentale）一词在16世纪才出现在法国司法用语中。参见：Kathleen Daly et Ralph E. Giesey, "Noël de Fribois et la loi salique", *Bibliothèque de l'école des chartes*, Vol. 151, No. 1 (1993), pp. 5-36; André Lemaire, *Les lois fondamentales de la monarchie française d'après les théoriciens de l'ancien régime*, Paris: A. Fontemoing, 1907. 直至19世纪，人们依旧在讨论法国君主制的三大"基本法"，其中就包含《萨利克法典》，参见：George Monod, "La légende de la loi salique et la succession au trône de France", *Revue critique de l"histoire et de littérature*, Vol. 34, No.2(1892), pp. 515-520.

② 本文依据的版本：*La Loi salique traduite en français et accompagnée d'observations et de notes explicatives, principalement sous le titre LXII*, Paris：Chez Librairs au Palais-Royal. 此译本依从查理曼时期的版本。19世纪20年代《萨利克法典》有两个版本：一个是1557年出版的印刷本，该版本依据墨洛温时期的一份手稿；另一个版本是查理曼时期的一个抄本。学界通常使用后一个版本，事实上两个版本几乎没有差异。当时学术界已经公认《萨利克法典》不涉及任何有关公法的条文，因此它与王位继承没有丝毫关联。该版本译者比较了多部蛮族法律，认为由于受到罗马法的影响，有关遗产继承的条文或多或少都是歧视女性的。

地"指的应该是祖传的房屋及周围一小圈土地。①换言之，该条文规定女性不得继承祖传的土地，也就是最早进入高卢地区的法兰克贵族因军功所受封的土地，其初衷是保证土地始终属于能随时效命征战的男性战士。②但事实上，由于早期《萨利克法典》版本在流传过程中缺失甚多，故许多条文已难以获得最初的确切含义，③"萨利克土地"究竟指称的是哪一类土地，学界至今并无定论。

到了封建时代，随着王权的没落，《萨利克法典》湮没于故纸堆中，成为一纸空文。总体而言，欧洲封建时代的继承方式通常是把女性继承权放在男性子嗣之后。但是，从法律角度来看，男性子嗣的优先继承权并不意味着女性完全没有继承权，这两者之间还是迥然有别的。当时的实际情况是，依照各地习惯法的差异，如果后代中没有男性子嗣，女性有时可以继承父亲遗产。女性可获得的遗产之中就包括领地，这也就解释了在中世纪时代的欧洲大陆上存在大量女领主的现象。女领主不仅拥有领地，受封爵位，对所属领地享有司法权，也与男性封臣一样，对其封君负有封建义务，如出兵征战以及每年定期的觐见。据统计，1350—1450年，欧洲约有12%的领地由女性继承。④而当时的法国王室，情况则比较特殊。统治法国的卡佩家族自10世纪末以来一直有男性继承人，所以女性继承王位之事从

① Charles de Secondat, baron de Montesquieu, *Œuvres complètes de Montesquieu : avec des notes de Dupin, Crevier, Mably, etc.*, Vol. 3, Paris: Firmin Didot frères, pp. 332-333.

② Éliane Viennot, *La France, les Femmes et le Pouvoir. 1. l'invention de la loi salique (V^e-XVIe siècle)*, pp. 36-37.

③ 《萨利克法典》最初由墨洛温时期的拉丁文写成，混杂着大量日耳曼语，现存最早版本为8世纪下半叶的抄本。在这些手抄本中，原来的日耳曼语已经罗马化，且多为残缺本，很多条文较难清楚获得其最初确切含义。详见：Gysseling Maurits, "Joseph, Balon, 'Traité de Droit Salique: Étude d'exégèse et de sociologie juridiques'", *Revue belge de philologie et d'histoire*, Vol. 45, No. 3 (1967), pp. 925-929.

④ Éliane Viennot, *La France, les Femmes et le Pouvoir. 1. l'invention de la loi salique (V^e-XVIe siècle)*, p. 325.

未成为一个"问题"。换言之，此前"因为有卡佩奇迹，所以几乎没有什么关于继承的王朝理论"[1]①。

转折点出现在14世纪初的两次王室继承危机。1316年，法王路易十世（Louis X，1289—1316年）去世，留下年幼的女儿让娜（Jeanne，1311—1349年，后世也称其为纳瓦尔的让娜）及遗腹子，后者出世仅几天就离奇死亡。路易十世曾提到，以理性和自然的名义，女性拥有与男性同等的继承权，表明他希望其女成年之后能执掌权柄。但由于受多种因素限制，国王的意愿在当时并不能最终决定谁将成为合法继承人。另一方面，虽然在14世纪的法国，像布列塔尼、纳瓦尔、香槟等领地确实可由女性继承，但法兰西王室的领地从未出现过女性继承人。由于从未有女性登上法国王位的先例，而此时王国基本法也尚未形成，所以让娜是否可继承法兰西王位，成为路易十世撒手人寰之后悬而未决的难题，引起各方政治势力的斗争。[2]②

在此混乱局面中，路易十世的弟弟菲利普（Philippe V，1292—1322年，即后来的菲利普五世）不顾让娜母系亲属及其他王公贵族的强烈反对，自封为摄政王，并以让娜母亲曾涉嫌通奸的借口，暗示让娜可能并非已故国王的亲生女儿。但是，支持让娜即位的势力也不容小觑。其外祖母阿涅斯（Agnès de France，1260—1325年）及其舅父勃艮第的厄德公爵（Eude de Bourgogne，1295—1349年）以维护让娜的名义聚集了一大批反对菲利普的贵族。香槟地区和勃艮第地区的贵族议会公开要求菲利普尊重让娜的继承权。这些反对派迫使菲利普出兵去处理一触即发的内战危

① Ralph E. Giesey, "The Juristic Basis of Dynastic Right to the French Throne", *Transactions of the American Philosophical Society*, New Series - Vol. 51, Part 5, pp. 3-47.

② Ralph E. Giesey, *Le rôle méconnu de la loi salique. La succession royale, XIVe-XVIe siècles*, Paris: Les Belles Lettres, 2007, p. 32.

机。①不过最终，菲利普利用其女与厄德公爵联姻的方式换取了最大敌对势力勃艮第家族的让步，同时也陆续赢得了大多数大贵族的支持。让娜当时年仅5岁，且有出身不明的嫌疑，②所以，在失去舅父家族支持之后，她主张自己权利的希望就变得非常渺茫了。于是，菲利普成功登上法国王位。为了避免日后纠葛，菲利普以让娜的名义发表声明，宣布即便在成年之后也放弃对王位及相关领地的主张。为了杜绝让娜成年后争夺王位的可能性，1317年2月2日，菲利普授意在巴黎举行的三级会议就下述决议达成一致：女性不能继承法兰西王位（femme ne succède pas au royaume de France）。③

从这一政治事件可以看出以下几点。首先，当时有不少人认为已故国王之女继承王位是合情合理的。④早在9世纪探讨君主制的经典文本中，并没有提及君主制传承要将女性排除在外。⑤封建时代又存在大量女性继承领地现象。更重要的是，王位争夺事件前后无人提出女性不得继承王位以便为菲利普正名。巴黎三级会议的决议不过是认可了一个既成事实。诸种因素导致菲利普的即位有种隐隐的"篡位"嫌疑。⑥否则他无须力排众议，甚至需要在重兵保卫之下举行加冕仪式。其次，甚至菲利普自己也并不认为获得王位是理所当然，这从他以让娜的名义宣布放弃继承权的举动

①　Ralph E. Giesey, *Le rôle méconnu de la loi salique. La succession royale, XIVᵉ-XVIᵉ siècles*, pp. 45-46.

②　让娜母亲与他人有私情一事早在路易十世在世之时已经被定罪，所以在这一事件中，不存在菲利普为了夺权而捏造事实一说。

③　关于这一事件的详细经过可参见：Paul Viollet, *Comment les femmes ont été exclues en France de la succession à la couronne*, Paris: Imprimerie Nationale, 1893, pp. 10-15.

④　Colette Beaune, *Naissance de la Nation France*, p. 267.

⑤　André Lemaire, *Les lois fondamentales de la monarchie française d'après les théoriciens de l'ancien régime*, p. 8.

⑥　Fanny Cosandey, *La Reine de France. Symbole et pouvoir, XVᵉ-XVIIIᵉ siècle*, Paris: Gallimard, 2000, p. 23.

可见，倘若他认为让娜本就无权继位，何必声明放弃这一权利呢？最后，三级会议的决议反证了在此之前，女性是否可以继承王位并无定论。[①]到1328年，法国国王的王冠又传承了两次，均为在前国王有女儿的前提下，王位被传给了国王的兄弟。在此过程中，不再有人为已故国王的女儿主张继承权了。因此，1316—1328年的王位危机将女性彻底排除出继承人序列，这标志着根本的转折，它把一个男性优先继承的惯例转变为女性不得继承王位的基本共识。

从性别史视角出发，14世纪初的继承事件则说明了两个问题。首先，考虑当时的政治背景，法国王位继承制度排斥女性，并非由当时的性别观念所主导，而是客观形势与政治势力之间较量的最终结果。当然，性别不平等的传统惯例肯定对时人的行动与选择有所影响，但这种影响绝非决定性的。其次，值得注意的是，此时根本无人提及那部被后世视为规定了女性不得继承王位的原典，即被认为早在法兰克人时代就已对此做出明确规定的《萨利克法典》。[②]

直到14世纪中叶，也就是女性被剥夺王位继承权的事实发生之后数十年之后，才有学者开始提及该法典。1337年起法国与英国交战（即百年战争），法国再一次面临严重危机。起因便是英国金雀花王朝的爱德华三世（Édouard III d'Angleterre，1312—1377年）作为路易十世的亲外甥（爱德华三世的母亲伊莎贝拉［Isabelle de France，1295—1358年］是路易十世的亲妹妹，嫁与英国国王爱德华二世）提出继承法国王位的要求。爱德华三世的理由是，与当时即位的法国国王瓦卢瓦的菲利普（Philippe VI de

---

① Paul Viollet, *Comment les femmes ont été exclues en France de la succession à la couronne*, pp. 10-15.

② Colette Beaune, *Naissance de la Nation France*, p. 265.

Valoi，1293—1350年）相比，他与去世国王之间具有更近的血缘关系。而从1350年开始，在1316年被剥夺了继承权的让娜的儿子纳瓦尔的查理二世（Charles II de Navarre，1332—1387年）也宣称对王位有继承权。法国在与英国的战斗中节节败退，而纳瓦尔的查理二世的叛乱活动却得到不少法国大贵族，尤其是诺曼底地区的贵族的支持。在内忧外患的困境之下，当时的法国国王让二世（Jean II le Bon，1319—1364年）以及此后的查理五世（Charles V，1338—1380年）迫切需要法学家们为瓦卢瓦王朝的正统性寻得有力证据，从法理上证明作为卡佩支系的瓦卢瓦家族统治法国的合法性。在此背景下，少数学者开始发掘《萨利克法典》的价值。

事实上，自加洛林王朝之后，相当长时间内并无人知晓《萨利克法典》，只有极少数编年史偶尔提及这部远古的法典。[①]而到了百年战争期间，为维护瓦卢瓦家族统治的合法性，法学家们翻遍古书，《萨利克法典》从故纸堆中被发掘，被重新推上了历史舞台，直至被推上"王国基本法"的神坛。这一过程，可简单分为下述几个阶段。

第一阶段，重新在故纸堆中发现该法典的第一人或许是让二世身边的学者维奈（Jean de Vignay，1283—1340年）。不过，维奈只是在某部译作中粗略提到曾有一部古代法典规定女性不得继承法国王位，他写道："这部法典成文日期远远早于查理曼时期，并为此后所有国王所保管。"[②]虽然作者并未提及《萨利克法典》的名字，但就其谈论内容而言，或许即指该法典。但由于维奈并未直接指出法典名字，所以史学界公认真正重新发现《萨利克法典》的是一位圣丹尼斯僧侣莱斯克（Richard Lescot, 1310?—

---

① 陈文海：《〈撒利克法典〉在法国中世纪后期的复兴和演化》，《历史研究》1998年第6期，第108-121页。

② 转引自：Éliane Viennot, *La France, les Femmes et le Pouvoir. 1. l'invention de la loi salique (V^e-XVIe siècle)*, p. 316.

？）。莱斯克长期研读保存在丹尼斯修道院的古代抄本，在其撰写的法国谱系中明确提到了《萨利克法典》。莱斯克发现的是一个加洛林时期的版本，他第一次将《萨利克法典》与瓦卢瓦王朝的统治合法性结合在一起，用该版本中的第62条"女性不能继承祖产"，来驳斥爱德华三世与纳瓦尔的查理通过其母系关系所提出的主张。不过关于莱斯克的生平及作品现存材料极为稀少，他的观点多借由其后继者的引用才为人所知。[①]

第二阶段，从15世纪开始莱斯克的观点受到了重视，并开始传播，其中起重要作用的是法国最早的人文主义者蒙特利（Jean de Montreuil, 1354—1418年）。蒙特利曾任法国国王查理六世秘书的修道院院长，坚决反对女性从事任何政治活动，坚持认为法国有可能因女性介入最高权力而分裂。在1408—1416年，蒙特利发表了一系列文章，支持莱斯克的发现，由此来驳斥英国人的主张，并为瓦卢瓦王朝最早几位国王的合法性予以辩护。他主张，《萨利克法典》来源于罗马法，并由查理曼核准颁布，该法典彻底否认女性有继承法国王位的权利。同时，在引用中，他有意无意地窜改了不少用语，如用"宪法"（constitution）取代"习俗"（coutume）。[②]最值得注意的是，他用"王国"（regnum）这个词替换了法典中原先使用的"土地"（terra）一词，这就使《萨利克法典》第62条从处理家庭财产的问题转变为事关王国的继承问题。蒙特利是第一个系统阐释《萨利克法典》与法国王位继承原则的学者，因而有研究者称其为"《萨利克法典》神话之父"[③]。在他之后的法学家们多采用他的观点，甚至像

---

① Richard Lescot, *Chronique de Richard Lescot, religieux de Saint-Denis, par Jean Lemoine*, Paris: H. Laurens, 1896, Introduction.

② Éliane Viennot, *La France, les Femmes et le Pouvoir. 1. l'invention de la loi salique (V^e-XVIe siècle)*, pp. 372-375.

③ Kathleen Daly et Ralph E. Giesey, "Noël de Fribois et la loi salique", *Bibliothèque de l'école des chartes*, Vol. 151, No. 1 (1993), pp. 5-36.

用"王国"替代"土地"这样的"伪证"也被沿用。

第三阶段，1430年前后，为了准备即将在阿拉斯召开的与英国方面的和谈会议，查理七世及其幕僚迫切希望能找到可证明爱德华三世无权要求继承法国王位的有力证据。在1430—1500年，学者们共找到了三份加洛林时期的手抄本，最后认定以圣丹尼斯的版本为官方版本。但是，找到这些手稿并非这些学者的最终目的，他们旨在对其进行重新界定与阐释。[①]当时著名学者德尤萨（Jean Juvenal Des Ursins，1388—1473年）宣称，《萨利克法典》某些版本提到的所谓的"萨利克土地"实际指王国。正因为《萨利克法典》，法国历代君主的延续性在其神圣性之外又有了法律的依据。在四处寻找确实写有"王国"一词的古版本而一无所获之后，他甚至为蒙特利辩护说，在普瓦捷（Poitiers）地区的圣塞文（Saint-Savin）修道院确实还藏有另一个版本的《萨利克法典》，其中就有明确的注释证明"土地"实际指的就是"王国"。然而时至今日，人们尚未找到这一传说中的版本。[②]

第四阶段，在15世纪下半叶和16世纪，《萨利克法典》又被赋予了更多的神圣性和重要性，最终成为王国的基本法。1450年前后，查理七世的一名御用学者弗里博（Noël de Fribois，1400？—1468年？）发表了他的《法国史鉴》。作者在文中高度评价《萨利克法典》，称这部"法国人真正的古老法律"引导着包括查理曼在内的先王，使法国保持着有别于他国的繁荣昌盛。他沿用蒙特利所使用的词汇，认为《萨利克法典》是古代的法国人从罗马人那里学习接收来的"宪法"（constitution）。

---

① Colette Beaune, *Naissance de la Nation France*, pp. 275-276.

② Paul Viollet, *Comment les femmes ont été exclues en France de la succession à la couronne*, pp. 54-55.

　　1464年，一部名为《详说〈萨利克法典〉》的著作面世，这部著作在整个16世纪再版了5次。该著作带有副标题——"法国人的第一部法典"（première loi des Français），[1]该匿名文本取得了巨大成功，它的广泛流传显示着当时知识界对于《萨利克法典》的热烈讨论。自15世纪下半叶始，法学家们开始把《萨利克法典》作为正式的法律而与那些不可追溯起源的习俗相区别，[2]在谈及《萨利克法典》时，都开始使用"王家法典"、"法兰西的法律"等字眼。《萨利克法典》由此开始被界定为关于法国王位继承原则的首要文本，有法学家在《法兰西的胜利》中就把《萨利克法典》称为"法兰西的法律"。[3]1593年，巴黎高等法院将《萨利克法典》正式登记为"王国的基本法"，[4]概言之，14世纪上半叶法国王室的继承危机严重动摇了远未强大的法国世袭君主制。为君主制寻找到稳定的传承机制，以保证王国的统一完整及连续性，成为当时法学家们的主要职责。虽然《萨利克法典》从未特意将女性排斥出政治领域，但是在实际的运作过程中，为了保证继承法国王位者必须是法国人，而非因与法国王室联姻而产生的其他外来继承者，法学家们都竭力论证第62条是法国王位排斥女性及其后裔的合法性源头。[5]至此，虽然从来没有一份材料可确实证明《萨利克法典》是某一位法国国王所颁布的正式法令，但这部古老的蛮族法律终于在16世纪末成为法国君主制不可撼动的基石，与此同时，它也对法国政治文化中关于性别的观念起到了重要的强化作用并产生深远影响。

---

①　Colette Beaune, *Naissance de la Nation France*, pp. 281-282.

②　Colette Beaune, *Naissance de la Nation France*, p. 279.

③　Colette Beaune, *Naissance de la Nation France*, pp. 283-286.

④　Ralph E. Giesey, *Le rôle méconnu de la loi salique. La succession royale, XIVe-XVIe siècles*, p. 201.

⑤　Fanny Cosandey, "De lance en quenouille. La place de la reine dans l'État moderne (XIVe-XVIIe siècles)", *Annales. Histoire, Sciences Sociales*, Vol. 32, No. 4 (1997), pp. 799-820.

二、反对女性涉政的法律武器

从上文可知，《萨利克法典》重获新生的直接原因与性别间的不平等并无太大关联，相反，与14—16世纪的政治局势以及法国君主制发展至此的阶段性实际需求密切联系。如果从性别史的长时段来考察，贬低女性、反对女性处理公共事务的观念可上溯至古希腊时期的哲人[①]或者蛮族的传统习俗，然而，就在《萨利克法典》被重新推出的阶段，法国确实涌现出了一股反对女性的思潮。一方面，封建时代，由于各地实行的习惯法不同，对于领地继承的规定差异甚大，因此贵族阶层女性有可能成为某一地区的领主。但是，就社会整体而言，依然是男性占据了毋庸置疑的优势地位。正如法国著名中世纪史专家勒高夫所言，在中世纪，"通过臣属关系象征仪式建立起的亲缘关系是一个男性社会，或者说阳刚的和贵族的社会。也就是说它排斥女性和平民"。[②]随着中世纪晚期国王们逐渐强化他们的权力，贵族女性在中世纪曾一度获得的有限政治影响力从14世纪开始削弱，女性的政治活动空间被压缩。另一方面，大学兴起，因其只向男性开放，女性受教育的情况相较而言则无明显进展。这种情况导致中小阶层贵族男女受教育程度的距离拉大了，大学的学位使男性有可能跻身于教会、国王和大贵族的宫廷，成为领取俸禄的职业管理人员。[③]以大学为中心形成的新的男性文人圈中，相当大一部人推崇罗马法与其他成文法，这些法律与各个地区的习俗相比，对女性的限制更多，而且教会思想中贬

---

① Susan Moller Okin, *Women in Western Political Thought*, New Jersey: Princeton University Press, 2013, Chaptre1.

② 雅克·勒高夫：《试谈另一个中世纪——西方的时间、劳动和文化》，周莽译，商务印书馆2014年版，第467页。

③ 苏拉密斯·萨哈：《第四等级：中世纪欧洲妇女史》，林英译，广东人民出版社2003年版，第160-173页。

斥女性的观念依旧占据主导。[①]女性主义研究者也注意到，在现代早期的法国，联系到整个欧洲有关神学、医学和法律的背景，女性被视为在生理上和精神上都比男性更弱。[②]故而，不利于女性的思想氛围在此时得到了强化。

正是从这一阶段开始，法国历史上第一次比较多地出现贬低女性的著述。[③]例如，14世纪末重要的法学家弗罗萨尔（Jean Froissart，1337—1404年）在其《法国、英国及其他邻国的编年史》中声称"法国这一王国如此高贵，不能将其传于女子或其后代"；[④]特莫刚（Évrart de Trémaugon，？—1386年）撰写的《果园之梦》（*Le Songe du Verger*）则认为女性天生不适合处理公共事务。[⑤]有学者尝试把古老的罗马法或者经典作家的言论与他们当代的问题相结合。例如，彼得吕斯（Petrus Jacobi，1311—？）提到女性不能处理公共事务。[⑥]一位在巴黎大学授课的法学家引用亚里士多德、奥古斯丁的言辞来论证女性不适合统治与处理公共事务。[⑦]曾

---

① 教会思想中，不论是否支持婚姻的派别，基本都遵循男尊女卑的性别观念。例如11世纪末的教会著作中写道：妻子服从丈夫，丈夫统治妻子，家庭才会安宁，自然规律就应当是妻子服侍丈夫，女性还应该戴上面纱，因为她们既没有神的光荣也没有神的形象。在《保罗书》中，也宣称依据神谕，丈夫应该是妻子的首领。转引自：Paulette Bascou-Bance, *La mémoire des femmes: anthologie*, Les Guides MAF, 2002, p. 47, pp. 65-66.

② 达琳·尤施卡：《性别符号学：政治身体/身体政治》，程丽蓉译，译林出版社2015年版，第119页。

③ Éliane Viennot, "Diane parmi les figures du pouvoir féminin", *Albineana, Cahiers d'Aubigné Année*, Vol. 14, No. 1 (2002), pp. 463-478.

④ Éliane Viennot, *La France, les Femmes et le Pouvoir. 1. l'invention de la loi salique (V^e-XVIe siècle)*, p. 339.

⑤ Éliane Viennot, *La France, les Femmes et le Pouvoir. 1. l'invention de la loi salique (V^e-XVIe siècle)*, p. 337.

⑥ Ralph E. Giesey, *Le rôle méconnu de la loi salique. La succession royale, XIVe-XVIe siècles*, pp. 57-59.

⑦ Ralph E. Giesey, *Le rôle méconnu de la loi salique. La succession royale, XIVe-XVIe siècles*, pp. 72-79.

经一度担任王室御用编年史编纂者的著名学者弗朗索瓦·德·贝勒弗瑞斯（François de Belleforest，1530—1583年）也强调，国王的使命如此神圣，许多事务无法交予女性去处理；如果国家大事听凭女性掌控，这无疑会削弱王冠的崇高与伟大，损害古老而重要的特权。王后不应当拥有支配军队的权力，也不能拥有司法权，这些特权只能归属于国王。[1]前文提及出版于1464年的《详说〈萨利克法典〉》匿名文本中，作者说："《萨利克法典》规定了继承和统治皇家土地的方式。……查理曼和于格·卡佩的所有后代中，没有一个女性或者女性的后代继承王位。"[2]作者认为，《萨利克法典》的合理性在于女性的弱点：她们变幻无常，她们的婚姻可能使王国落入敌人之手，而她们自己却无法指挥战争；更重要的是，女性在宗教方面存在不足，她们既不能主持祭祀，也不能涂圣油，更不能佩戴皇家军旗和百合花。[3]

因此，从性别史角度而言，从14世纪下半叶到15世纪，《萨利克法典》被重新发掘的时期恰逢法国反女性思想处于一个历史上升期，被认为以禁止女性登上法国王位为宗旨的《萨利克法典》便与主流观念不谋而合。在随后两个世纪的一系列重大事件中，女性的影响不容小觑，于是在众多反对女性干涉政治事务的学者那里，《萨利克法典》成为最强有力，也最趁手的武器。《萨利克法典》也在被反复引用的过程中强化了反女性干政的圭臬地位。

从16世纪开始，法国摄政一职逐渐落在国王的母亲或妻子身上。弗朗索瓦一世的母亲——萨伏依的露易丝（Louise de Savoie，1476—1531

---

[1]　François de Belleforest, *Les grandes annales, et histoire générale de France*, Paris: Chez Claude Bruneval, 1579, p. 820.

[2]　转引自：Colette Beaune, *Naissance de la Nation France*, p. 283.

[3]　Colette Beaune, *Naissance de la Nation France*, p. 283.

年）多次在其子出征之际摄政，美第奇的凯瑟琳（Catherine de Médicis，1519—1589年）统治法国更是长达数十年之久；而像瓦卢瓦的玛格丽特（Marguerite de Valois，1553—1615年）这样的贵族女性，也在法国宫廷中发挥着非常重要的影响。这些具有极强政治头脑与手腕的女性在将近一百年的时间里对法国的政治局势发挥着举足轻重的作用与影响。如此局面势必激起众多反对之声，许多文人著书贬斥女性。例如，当时绝对王权理论的集大成者、16世纪的法学家博丹（Jean Bodin，1530—1596年）认为，《萨利克法典》影响深远的缘由在于充分考虑了传统习俗。[①]他强调，法国之所以与众不同，其根源就在于禁止女性继承任何性质的封地。他的女性观与该时期人们开始从自然法的角度论证女性天生柔弱、不适合政治、只能做一些较低级事务的大趋势不谋而合。[②]特莫刚也宣称："女人就是一种软弱善变的动物，因此，必须清楚，关涉王国的治理时，女人绝不能僭越在男人之前；女人不能处理公共事务，依据普遍法，女人也不能成为法官。"[③]波斯特尔（Guillaume Postel，1510—1581年）这位知名学者在其关于《萨利克法典》的著作中公开宣称："让男性来统治，毫无疑问这是更符合自然的。……女性服从男性，是永恒的规则。"[④]文艺复兴时期著名的法学家塞瑟尔（Claude de Seyssel，1450—1520年）对《萨利克法典》

① 参见：Jean-Yves Grenier, *Histoire de la pensée politique économique et politique dans la France d'Ancien Régime*, Paris: Hachette, 2007; Chanteur Janine, "La loi naturelle et la souveraineté chez Jean Bodin", *Théologie et droit dans la science politique de l'État moderne: Actes de la table ronde de Rome (12-14 novembre 1987)*, Rome: École Française de Rome, 1991, pp. 283-294.

② Fanny Cosandey, "De lance en quenouille. La place de la reine dans l'État moderne (XIVᵉ-XVIIᵉ siècles)", *Annales. Histoire, Sciences Sociales*, Vol. 32, No. 4 (1997), pp. 799-820.

③ Paulette Bascou-Bance, *La mémoire des femmes: anthologie*, p. 97.

④ Guillaume Postel, *La loi salique: Livret de la première humaine vérité*, Paris: Lamz, 1780, pp. 46-61.（该版本依据1552年的抄本印刷）

亦提出了自己的阐释。他认为法国王位不传予女性乃是法国君主制独特之处："依据法国人称为《萨利克法典》的那部卓越法典，王位只能由男性继承，而不会落入女子手中。倘若通过母系传承，大权就有可能旁落到外国人手中，这是十分恶劣和危险的情况。由于语言或者习惯的不同，他（指掌权的外国人）通常更愿意用他国的原则及方式来处理重大事务，这往往会引起分裂甚至战争。"[1]塞瑟尔也提出，不能让女性继承王位的重要原因还在于女性天生不适合领军作战，因为作为军队的首领，这是一个国王的重要职责。[2]因此他建议，为了保持法国的强大，必须遵循《萨利克法典》所确定的特殊传统。

亨利二世与其子弗朗索瓦二世于1559年和1560年相继去世之后，继位的查理九世只有10岁，因此他的母亲，也就是亨利二世的遗孀美第奇的凯瑟琳，以太后名义摄政。在其统治期间，凯瑟琳一直由于女性身份而饱受攻击。例如，当时撰写法国编年史的历史学家丹尼斯·索瓦热（Denis Sauvage，1520？—1587年？）在谈及《萨利克法典》之际这样说道：

> 这部由第一位基督教国王克洛维颁布的《萨利克法典》规定，女性不能继承王国，不能戴王冠。奥古斯丁在《上帝之城》中花费大量篇幅论及此法典，认为没有比这更特殊的法典，它剥夺女孩继承父母的权利。因为王国或者大领地的统治管理，都属于公共事务（la chose publique），而女性并不拥有治理公共事务的尊严与能力，所以她们无法继承王位。正因为如此，《旧约》中从未出现过女性继承王位。封建法也从未允许女性继承领地。法律总是选择最强大、最有能力

---

[1]　Claude de Seyssel, *La Grand'monarchie de France:avec la loi Salicque*, Paris: Galiot du Pré, 1558, pp. 7-9.

[2]　Claude de Seyssel, *La Grand'monarchie de France: avec la loi Salicque*, p. 57.

的人去保家卫国，强壮勇猛的男性比天生柔弱的女性更适合承担此类要务。[1]

1572年圣巴托洛缪大屠杀事件之后，舆论的矛头直指凯瑟琳，抨击她的小册子到处流传。许多作者认为，凯瑟琳掌权完全违背了《萨利克法典》禁止女性从政的古老精神，法国陷入如此混乱悲惨的局面，就是因为《萨利克法典》的精神被抛弃，女人执掌了国家大权。当时出版了不少反对暴君的书，矛头直指女性，认为她们是公众不幸的罪魁祸首，连国王们都是她们从政的受害者。[2]一份匿名小册子写道："《萨利克法典》规定，女性天生就不能指挥，只能服从，它的合理性基于女性自身的软弱无能。"[3]奥尔良公爵（Louis Dorléans，1542—1629年）在其文中也宣称，《萨利克法典》就是为应对女性的不足而制定的。[4]而另一份材料的作者更是以《萨利克法典》为矛，大肆抨击凯瑟琳，他说：

> 由于《萨利克法典》，女性完全无权统治这个王国，也不能声称可以染指王位。如果出现了与此相反的情况，这就是一种彻底的僭越，我们总是深受其害。然而，公共危害并不局限于女性成为女王或者王后的情况，更关键的是那些实际掌握了国家大权的女性，她们专权独断。历史已经证明了这一点，看看那些女摄政，她们带来了多么可怕的后果。她们竟然自封为摄政王！我们值得赞扬的古老习俗难道

---

[1] Denis Sauvage, *Les Croniques et annales de France*, Vol.1, Paris: G. Buon , 1562, pp. 11-12.

[2] Éliane Viennot, *La France, les Femmes et le Pouvoir. 1. l'invention de la loi salique (V^e-XVIe siècle)*, p. 598.

[3] *Sommaire Réponse à l'examen d'un heretique sur un discours de la loi salique*, 1587. p.12. 由于当时的政治檄文多为匿名，所以大多数出版物并不注明出版社（下同）。

[4] Louis Dorléans, *Responce des vrais catholiques françois, a l'Avertissement des catholiques Anglois pour l'exclusion du Roy de Nauarre de la Couronne de France*, 1588.

就这样被推翻了？^①

> 女人的本性是不能不作恶，不论她做什么，都是陈词滥调，并无真正改变。我更要强调的是，从来没有女人统治过我们这个王国，她们只能带来不幸。她们引发内战，使兄弟阋墙。^②

著名的法学家德贝鲁瓦（Pierre de Belloy，1540—1613年？）则从两性本质上的差异来分析为何从古至今要严格禁止女性进行统治：

> 女性如何能治理一个有这么多军队与财富、有大量重要事务需要处理的国家？男性即便天生具有德性、仁慈、审慎和睿智，当他们拥有巨大权力的时候，也有可能被权力腐蚀，因此怎么能想象生物中最蛮横、软弱无能又残忍的女性坐上这个位置？应该像古希腊人和古罗马人那样，用法律明文禁止女性走出家门、参加宴会。女性的建议更是不可靠，最初伊甸园里的蛇就是引诱了夏娃，并通过她去引诱了亚当。为何古代的女性不能继承父亲的产业，因为就像先哲亚里士多德所说，根据自然法，有权利统治之人，必须具备支配的才智，而能力弱的，只能服从。作为一个国王，很重要的一点是要言行合一，意志坚定，以及具有保守秘密的能力，这是政治统治必不可少的品质，女性哪里具有这样的品质？^③

同时，他还坚持《萨利克法典》的神圣性，因为他相信："支持《萨

---

① *Discours merveilleux de la vie, actions &deportemens de Catherine de Medicis*，1575，pp. 110-128.

② *Discours merveilleux de la vie, actions &deportemens de Catherine de Medicis*，pp. 142-145.

③ Pierre de Belloy, *Examen du discours publié contre la maison royalle de France, et particulierement contre la branche de Bourbon, seule reste d'icelle, sur la loy salique, & succession du royaume*, Paris: Pierre Haultin, 1587, pp. 52-53.

利克法典》有如此之多的理由。上帝安排给女性愚蠢无知，而不是庄重神圣，尤其是在涉及公共事务时。……国王的权威来自全能的上帝，他需要守护公正，宣扬德性，惩戒异端，这些职能无法让女性去履行。"[1]他最后总结道："女性无法治理庞大的国家，因为这是一个软弱、愚蠢、不可靠的性别，因此萨利安人（Salien）就制定永久的法律规定王位绝不能传给女性。《萨利克法典》便是在这一基础上建立的。它是我们最古老的法律，从法国王位还是选举制的时候便已经确立。大自然设定了男性比女性更有能力、更崇高，除非违背自然，否则女性就没有统治能力，这是自然理性决定的。"[2]

不论是波斯特尔、塞瑟尔、德贝鲁瓦，还是匿名檄文的作者，他们反复使用了"天生""自然法"等言辞。由此可知，反女性者的论述中，《萨利克法典》之所以神圣，在于它是自然的结果，是符合16世纪的人们所深信的"自然法则"。他们坚称男性优于女性，男性才是统治者的合格人选，这是普遍的原则，因为大自然就是这样设定两性差别的。简言之，在他们看来，两性间的不平等源自其各自天生的特性，《萨利克法典》便是这种自然法则的绝佳体现。因此，在《萨利克法典》被尊为王国基本法的过程中，认为女性不能继承王位，甚至反对女性涉足政治领域的观点逐渐演变成为一整套有关性别政治的成熟理论。这套话语系统中所使用的一系列言辞，诸如性别的分工、自然的安排、女性柔弱的本性等，在此后数个世纪里都将会被反复使用。

---

[1]　Pierre de Belloy, *Examen du discours publié contre la maison royale de France, et particulierement contre la branche de Bourbon, seule reste d'icelle, sur la loy salique, & succession du royaume*, p. 68, p. 70.

[2]　Pierre de Belloy,, *Examen du discours publié contre la maison royale de France, et particulierement contre la branche de Bourbon, seule reste d'icelle, sur la loy salique, & succession du royaume*, pp. 201-202, p. 209.

17世纪的法国先后出现了美第奇的玛丽和奥地利的安娜分别在路易十三和路易十四年幼之时摄政的局面。17世纪中期，高等法院和大贵族发起的"投石党运动"使法国再次陷入纷乱之中，而"投石党运动"中参与的贵族女性人数众多。[1]这些活跃在政治舞台上，甚至是进入最高权力圈的女性，无疑会激起众多男权拥护者的强烈敌意。于是，17世纪甫始，便有一份大肆抨击所有女性的文章获得巨大成功。1617年，当时法国文人奥利弗（Jacques Olivier）发表了《女性的所有缺点与手段》一文，[2]该文本在33年间就再版了18次之多。作者说，睿智的雅典人制定多部法律限制女性参与公共事务，因为女性没有判断能力，也没有智慧可以处理公众事务与财产。[3]

在撰写抨击女性的文章时，有许多作者援引《萨利克法典》，当时的历史学家马兰格尔（Claude Malingre，1580?—1653年?）就是其中的代表人物。[4]马兰格尔的观点突出之处在于，他相信《萨利克法典》是世界上最古老的世俗法律，因此该法律中排斥女性的条文也是上帝的旨意。他认为，奥古斯丁曾经说过，如果涉及的是平民的土地，那么不准许女性继承，是不公平的；但是，当继承的不是平民的土地而是大领主的土地甚至涉及王国的公共事务之际，将女性排斥在外则是合情合理的，因为有关王

---

① *Recueil de diverses pieces servant a l'histoire de Henry 3., roy de France et de Pologne; augmenté en cette nouvelle edition suivant les titres qui se trouvent à la page suivante*, chez Pierre de Marteau, 1666, p. 582.

② Jacques Olivier, *Alphabet de l'imperfection et malice des femmes*, Paris: Jean Petit-Bas, 1617.

③ Sophie Vergnes, *Les Frondeuses: Une révolte au féminin (1643-1661)*, Paris: Champ Vallon, 2013, pp. 101-102.

④ Claude Malingre, *Traicté de la loy salique, armes blasons, & devises des François. Retirez des anciennes chartres, panchartes, chroniques & annalles de France. Par C. Malingre Hystoriographe*, Paris: chez Claude Collet, 1614.亦可参见汉利编撰的文献集：Sarah Hanley, *Les droits des femmes et le loi salique*, pp. 85-120.

位的传承，并非一般继承原则可适用。在马兰格尔看来，女性由于其自身的软弱无力，不像男性那样强壮能干，因此在历史上女性的确不能继承大领地或者王位。他说，王国的统治完全是公共事务，由于它的继承并非简单的继承制，而是一项无比崇高的事务，为此它必须把女性排斥在外。[①]历史上强大的君主国都不把王位传给女性即可说明这一制度的存在必有其合理性。他相信，这是神创造的法律，并把它作为所有人类法律中最基本、最重要的一部。[②]

1666年，一个反对安娜执政的人再版了1575年那篇著名的用《萨利克法典》抨击凯瑟琳的文章，并且加入了自己的观点，他质问："巴黎的先生们，你们到底害怕什么？一个女人？！她毫无权威，只有无耻和残忍，完全反自然。她以反传统的方式掌握王位实权。从来没有一个女人统治过我们的王国，她必将给我们带来灾难。"[③]

综观16世纪之前关于《萨利克法典》的讨论，其中反对女性继承王位的观点大多认为，如果授予女性王位继承权，有可能会使国家落入敌人之手或者让整个王国四分五裂，因而《萨利克法典》最早的"发现者"或捍卫者是从维护法兰西民族的独立统一的角度出发，坚决否定女性同样具有继承王位的权利。但是，从16世纪开始，反对女性的言辞都是从女性自身天性的角度出发，宣扬女性从根本上弱于男性，应当从属于男性，更不应当涉足政治领域。到了17世纪，这种"女性天生弱于男性，不适合政治事务"的言论进一步得到强化，贬斥女性的话语更为苛刻。例如哲学家、

[①]　Claude Malingre, *Traicté de la loy salique, armes blasons, & devises des François. Retirez des anciennes chartres, panchartes, chroniques & annalles de France*, p. 51.

[②]　Sarah Hanley, *Les droits des femmes et le loi salique*, pp. 90-114.

[③]　*Discours merveilleux de la vie, actions &deportemens de Catherine de Medicis*, pp. 576-582.

道德学家皮埃尔·沙朗（Pierre Charron, 1541—1603年）在1600年的论述中，竭力贬低女性"多疑、虚荣，追逐奢侈的外表便是这个性别软弱经受不了诱惑的证据；女性的能力及命运只适用于家庭事务。作为妻子，她就应当是其丈夫的仆役；作为母亲，她没有权利教育孩子"。激进的哲学家尼古拉·马勒伯朗士（Nicola Malebranche, 1638—1715年）在其1674年的《真理研究》中甚至这样写道："女性的大脑组织更柔软，就像小孩子一样，这就使得她的智力比较低下，她们无法深入思考事物的真相，抽象的东西对她们来说无法理解。"①

换言之，从16世纪开始出现的从性别本质的角度论证女性应当被排除在王位继承序列之外的论调在17世纪得到了进一步强化。②随着《萨利克法典》被推上"基本法"的神坛，它俨然已经成为最能体现自然和上帝意图和安排的法律。而当涉及女性从事政治活动的话题之际，《萨利克法典》自然就成为证明女性天生不该过问政事的有力证据。反对女性摄政的学者常常把法国的崇高和伟大与《萨利克法典》排斥女性紧密联系在一起，从而导致《萨利克法典》在抨击与贬低女性的一整套话语体系中扮演了非常重要的角色。

事实上，从长时段的视野去回顾这一时期会发现，17世纪上半叶的这些女性虽然参与了法国的许多国家事务，但是从整个17世纪来看，尤其是"投石党运动"失败和路易十四亲政之后，随着中央集权的进一步强化、法国行政体制的逐步发展，女性在政治事务以及宫廷中的影响力逐渐下降。在国家权力上升的过程中，从属于并仰仗着大贵族家族、地方力量的

---

①　Paulette Bascou-Bance, *La mémoire des femmes: anthologie*, p. 117.

②　Fanny Cosandey, "De lance en quenouille. La place de la reine dans l'État moderne (XIVᵉ-XVIIᵉ siècles)", *Annales. Histoire, Sciences Sociales*, vol. 32, no. 4 (1997), pp. 799-820.

女性权力空间日渐被压缩，思想舆论界用《萨利克法典》排斥女性涉政的观点不仅是压制女性权力的力量之一，也是这种压制的清晰反映。

三、尾声与思考：《萨利克法典》在性别史上的深远影响

从路易十四开始，虽然国王的宠妃以其特殊身份在宫廷中享有某种特权，但是，再无公开拥有巨大政治权势的女性出现法国的政治舞台上。而且经过18世纪的启蒙运动，对《萨利克法典》关于性别问题的讨论开始出现与此前不尽相同的观点。例如，著名哲人孟德斯鸠就提出，《萨利克法典》并没有在性别上给予某一性别优先权，它只是一部纯粹关于经济事务的法律，它把逝者的房屋及其附属地产传给以此土地为生的男性后裔，这是非常合乎情理的。[1]甚至有学者对《萨利克法典》使女性遭受不平等待遇提出异议："《萨利克法典》只是一部民法典，与王位继承毫不相关。而在封建惯例中，女性是可以继承领地的。我们要证明的就是，对女性的排斥来自这个国家的风俗。而这种风俗可以在女性天生低下这一广泛流传的偏见之中找到根源。"[2]

但是，反对女性干涉政治甚至反对女性从事家务之外其他活动的人们，依旧把《萨利克法典》作为神圣的依据。就像以《巴黎图景》（*Tableau de Paris*）一书闻名于18世纪与19世纪之交的文人梅西耶（Louis Sébastien Mercier，1740—1814年）所说："《萨利克法典》如此有名，数世纪以来始终被使用，虽然时人已经不太清楚它的具体条文，但它肯定还

---

① Charles de Secondat, baron de Montesquieu, *Œuvres complètes de Montesquieu : avec des notes de Dupin, Crevier, Mably, etc.*, Vol. 3, pp. 332-333.

② Michel Thomassy, *De la nécessité d'appeler au trône les filles de France, ouvrage précédé d'un examen de la loi salique*, Paris: A. Egron Dentu, 1820, p. 53, p. 79.

会在未来发挥作用。"①梅西耶相信，《萨利克法典》的起源在于，人们不可能臣服于因为自身性别的软弱而无法作战的女性，虽然在漫长的历史上有个别例外，但是这并不能与普遍法则相对抗，因此，这部法律从起源之初，便是一部必要的法律，一部理性的法律。②19世纪上半叶编撰《新编自然史词典》的一位作者如是说："即便让女性接受男性化的教育，她们也不能在身体和道德方面与男性接近，女性也无法培养出在科学与文学等人类最高智慧方面的才能。因此，法律禁止女性担任神职、公共职务、法官以及骑士，法兰克人的古老法律《萨利克法典》不允许女性继承王位。虽然我们注意到有个别女性统治得还不错，但她们只是名义上的统治，实际上是男性在治理，男性在任何领域都要强于女性。"③1862年，巴黎一名著名的印刷商设立了一个招收女工的印刷厂，结果招致大批印刷男工反对，他们要求驱逐女工，而他们的依据就是《萨利克法典》。④直至1992年，巴黎伯爵尚以《萨利克法典》的名义反对其女担任公职。他坚称，古老的《萨利克法典》以自然法的名义要求女性不得进入政治领域。⑤

美国女性主义学者朱迪斯·巴特勒（Judith Butler）曾指出，主体的政治建构是一个趋向于自我合法化以及排除干扰因素的过程，在此过程中，

①　Louis Sébastien Mercier, *Histoire de France: depuis Clovis jusqu'au règne de Louis XVI*, Tome 1, Paris: Cerioux, 1802, p. 35.

②　Louis Sébastien Mercier, *Histoire de France: depuis Clovis jusqu'au règne de Louis XVI*, Tome 1, p. 35

③　Une société de naturalistes et d'agriculteurs, *Nouveau dictionnaire d'histoire naturelle appliquée aux arts, à l'agriculture, à l'économie rurale et domestique, à la médecine, etc.*, Vol.11, Deterville, 1817, p. 12.

④　Louis Frank, *Essai sur la condition politique de la femme: étude de sociologie et de législation*, A. Rousseau, 1892 , p. 210.

⑤　Fanny Cosandey, "De lance en quenouille. La place de la reine dans l' État moderne (XIVᵉ-XVIIᵉ siècles)," *Annales. Histoire, Sciences Sociales*, vol. 32, no. 4 (1997), pp. 799-820.

以法理依据为基础的政治分析有效地遮掩了政治运作，并把后者自然化（naturalization），使之带上"自然形成"的色彩。[①]从政治史的角度看，继承事件具有很大的偶然性。然而，政治事件的偶然性与国家基本制度的讨论、性别观念的长期酝酿相结合，最终使一部原先只涉及人身伤害以及家庭财产的《萨利克法典》转变成为法国君主制历史上独具特色的排斥女性参政的基本法案。戴维斯说："女性的从属关系是从16—18世纪逐步加深的，因为父权式家庭为了更有效地获得财产，进行社会流动并维持血统延续，必须加强自身。"[②]从性别史的角度来看，《萨利克法典》从一部古老的蛮族民法直至被奉为排斥女性继承王位的"王国基本法"，正是一个逐步排斥女性干涉政治、树立男性对于国家最高统治权的垄断性的过程；更重要的是，在这部古老法典成为正式的法律之后，它被作为法理依据，成为分析男女性别差异的基础，被几代法学家人为夸大，并被赋予符合与体现了"自然法"的神圣色彩。

在法国进一步走向近代国家的过程中，"《萨利克法典》从事实中派生而来"[③]，在这一过程中，排斥女性并非是一个基于性别的原则性的问题，而是一个政治问题。[④]然而，当法学家们反复用男性天生就优于女性的性别话语来论证法国君主制的继承原则是符合古代习俗、具有神圣性和权威性的时候，论述者们不断重复着针对全体女性的蔑视之语。事实上，将女性排斥出政治领域，是法国传统社会习俗在其民族国家形成过程中，

---

① 朱迪斯·巴特勒：《女性主义与身份的颠覆》，宋素凤译，上海三联书店2009年版，第3页。

② 娜塔莉·泽蒙·戴维斯：《法国近代早期的社会与文化》，第179页。

③ Paul Viollet, Comment les femmes ont été exclues en France de la succession à la couronne, p. 11.

④ Ralph E. Giesey, Le rôle méconnu de la loi salique. La succession royale, XIVe-XVIe siècles, p. 47.

成为特殊的政治文化并不断得以强化的结果。因此，虽然《萨利克法典》的重新出台有着深厚的政治原因，其主要目的也并非刻意针对女性，但是当时主流的思想观念中存在着如此强大的贬低女性的倾向，无疑对这一过程起到了推波助澜的作用。被推高至经典地位的《萨利克法典》并没有创造这一文化传统，而是通过不断被改写、被重新阐释，最终以法律的形式确认了这一传统习俗，并在其正式成为"基本法"之后，又反过来对贬斥女性的观念进一步起到了维护、强化的作用，且影响深远。

第四章　16—17世纪法国女性摄政与君主制的发展

　　摄政之制在法国历史上并非罕见。国王出征或暂时无法处理国务，或即位的国王尚处冲龄，都会由他人代为掌管国事，这是君主制的一个重要基本制度。[①]法国史家科桑代（Fanny Cosandey）把摄政制度的发展分为三个阶段。[②]第一阶段，国王一般会将国家事务暂时托管于心腹亲信，有可能是深受国王倚重的某位教士，如1147—1151年，路易七世率领十字军东征之际，便委派索格神父（l'abée Suger）任摄政之职；[③]不过在此阶段，受托之人虽然行使的是后世称为摄政的权力，但尚无"摄政"之名，他们的职位是"国王代理人"（lieutenants du roi）。[④]第二阶段，摄政之职不再旁落于王室成员之外的人身上，任摄政的多为国王的叔伯兄弟，即血亲

---

　　① 关于法国历史上出现的摄政情况简单概述，可参看：Jean du Tillet, *Recueil des rois de France, leur couronne et maison: ensemble, le rengs des grands de France; Une chronique abrégée contenant tout ce qui est advenu*, Paris: chez Jacques du Puys, 1580, pp. 198-200.

　　② Fanny Cosandey, "De lance en quenouille. La place de la reine dans l'État moderne (XIVᵉ-XVIIᵉ siècles)", *Annales. Histoire, Sciences Sociales*, Vol. 32, No. 4 (1997), pp. 799-820.

　　③ Corvisier André, "Pour une enquête sur les régences," In: *Histoire, économie et société*, 2002, 21ᵉ année, n° 2. Lecouple / Varia. pp. 201-226.

　　④ Berger Élie, "Le titre de régent et son emploi dans les actes de la chancellerie royale", In: *Comptes rendus des séances de l'Académie des Inscriptions et Belles-Lettres*, 44ᵉ année, N. 3, 1900, pp. 308-309.

亲王（princes du sang）。到了第三阶段，也就是法国近代国家开始发展的15世纪以后，摄政之职几乎只委任给年幼国王的女性近亲，多数时候是母亲，有时由长姊担任，如路易八世的姐姐贝若的安娜就曾为其摄政。除了法国最后一位摄政王奥尔良的菲利普是男性之外（因为当时年幼的路易十五没有任何女性直系亲属在世），16—17世纪法国历史上所有摄政均由女性担任。这无疑是一个值得关注的现象。

专门研究法国制度史的奥利弗-马丹（François Olivier-Martin）和莫尼耶（Roland Mousnier）虽然研究摄政制度，[①]但没有重视女性摄政这一特殊问题。而维耶诺等专治法国近代早期女性史的法国史家则过于强调美第奇的凯瑟琳等女性在法国历史上强大的自主能动性与影响力，却忽视了对制度本身的研究。那么，为何在一个从未出现过女王、具有深厚的排斥女性涉政文化传统的国度里，却又存在着大量女性摄政的现象？为何像迪蒂耶（Jean du Tillet）这样的16世纪著名法学家，在坚信法国存在着极其强大的不愿臣服于女性的传统习俗的同时，[②]又认为他所处的时代，女性摄政有其合理之处[③]？由于16—17世纪出现的女性摄政现象尤其集中，本文希望从这一特殊历史阶段着手，在考察当时具体文本的基础上，把女性摄政这一现象放置到法国君主制在此阶段的发展背景之中去分析，拨开性别话语的面纱，用具体的历史话语背景来重新理解和解释女性摄政为何可以在

---

① François Olivier-Martin, *Les régences et la majorité des rois: sous les Capétiens directs et les premiers Valois* (1060-1375), Recueil Sirey, 1931; François Olivier-Martin, *Histoire du droit français: des origines à la Révolution*, Paris: Éditions du Centre national de la recherche scientifique, 1951; Roland Mousnier, *Les Institutions de la France sous la monarchie absolue, 1598-1789*, 2 volumes, Presses universitaires de France, 1980.

② Jean du Tillet, *Recueil des rois de France, leur couronne et maison: ensemble, le rengs des grands de France; Une chronique abrégée contenant tout ce qui est advenu*, p. 214.

③ Parlement de Paris, *Très-humble remonstrance du Parlement au Roy et à la Reyne Regente* (21 janv. 1649, signé Du Tillet) / (attribué au président Le Coigneux), [s.n.] , 1649.

动荡的困难局势下，面对诸多反对却仍然长期维持，而处于权力核心阶层的女性在绝对主义王权崛起阶段又扮演了什么样的角色。

一、16—17世纪法国女性摄政之简况

早在16世纪之前，法国历史上已有多位女性摄政。但是当时的摄政并非像后世一样集中于女性。如14世纪初，法国王室先后两次因无成年男性后裔继承王位而任命由亲王统领的摄政委员会。但即便在摄政制度的早期阶段，亦已出现女性摄政的现象。例如法王美男子菲利普在1294年任命其妻为他们的幼子摄政，并且明确是统摄政务而不仅仅是孩子的监护人。[①]13世纪最著名的女性摄政者当属卡斯蒂耶的布朗什。1226年，路易八世去世之后，路易九世（即日后的圣路易）年方12，布朗什便以太后名义摄政长达8年之久。即便在路易九世亲政之后，布朗什在其于1248—1252年期间外出征战之际也仍担负着摄政之职。

而从16世纪开始，摄政之位则几乎完全集中到女性手中。除了16世纪初弗朗索瓦一世的母亲在其常年征战的过程中代行摄政一职外，16—17世纪法国最为著名的三大摄政当属美第奇的凯瑟琳、美第奇的玛丽以及奥地利的安娜。她们三人均在其子年幼之际成为摄政，长期掌握国家最高权力，在法国历史上留下重要印记。

1559年，当亨利二世意外死于一场羽毛球比赛之后，即位的查理九世尚年幼，其母美第奇的凯瑟琳于1560年成为摄政。查理九世去世之后，凯瑟琳的另一个儿子亨利三世即位，后者于1574年出征之际，她再次登上摄政之位。而事实上，在近30年的时间里，凯瑟琳一直把持着法国的最高

---

① Pierre Dupuy, *Traité de la majorité de nos rois et des régences du royaume*, Paris: chez la Vve M. Du Puis, 1655, p. 15.

权力直至去世。而16世纪下半叶是法国历史上最动荡的时期之一。面对天主教与新教之间剑拔弩张的紧张局面，凯瑟琳始终试图寻找和平方案。与弗朗索瓦一世及亨利二世的高压政策不同，凯瑟琳对新教徒采取了比较宽容的态度。从1561年9月到1562年初，在其授意下，召开了两次天主教与新教徒之间的高层学术会谈。1562年1月，凯瑟琳颁布《圣日耳曼敕令》，给予新教徒在冲突不那么激烈的地区做礼拜的权利。虽然这些措施并没有奏效，但是她希望两派和解的努力仍可见一斑。[①]此后，她又一手促成其女玛格丽特（后世称为"玛戈王后"）与新教一派的纳瓦尔的亨利的联姻。凯瑟琳在其整个政治生涯中都致力于用和平的手段强化王权，她让当时的人逐渐意识到，只有王权才能重新在"上帝的战士"之间带来宽容和安宁。[②]著名历史学家娜塔莎·戴维斯认为凯瑟琳"巩固了其子的合法性，面对'神圣联盟'与雨格诺派的双重冲击，维系了法国天主教君主制"，评价她"完美体现了作为摄政的所有功绩"。[③]

数十年之后，1610年，亨利四世在为他的王后加冕之后的第二天遇刺身亡。于是玛丽太后与年仅8岁的国王召集了高等法院，在庄严的气氛下宣布摄政。在这一仪式上，玛丽不仅成为国王的监护人，也成为整个王国事务的最高决策者。在执政初期，她继续任用亨利四世时期的老臣，维护来之不易的稳定局势，多次化解叛乱。1614年，她带着路易十三出巡展示王室的强大与权威，所到之处，城市都向王室表达忠诚与敬意。在孔代亲王为了夺权而倡议召开的全国三级会议（1614—1615年）上，玛丽反而

①　Philippe Tourault, *Ces reines qui ont gouverné la France*, Paris: Perrin, 2014, pp. 125-128.

②　Philippe Tourault, *Ces reines qui ont gouverné la France*, p. 123.

③　Georges Duby et Michelle Perrot, *Histoire des femmes en Occident*, Tome 3, Paris: Perrin, 2002, p. 218.

被视为为王国带来和平的功臣。玛丽对内平息叛乱、安定民生，对外则积极谋求与当时最强大的西班牙王室联姻，不仅使法国免于战事，也使欧洲获得和平。[①]对黎塞留的赏识也说明玛丽具有慧眼识英才的过人之处，虽然在路易十三成年之后，玛丽与路易十三以及黎塞留始终不和，但是毫无疑问，玛丽的摄政延续了亨利四世以来进一步压制大贵族、平息因宗教引起的内乱纷争的基调，为法国在路易十四时代崛起并成为欧洲中心打下了坚实的基础。后被放逐的玛丽最终在窘困中去世，她留给后世的是鲁本斯为她所作的、讲述其生平的巨幅长卷以及巴黎最著名的大道——香榭丽舍大街。

路易十三的儿子路易十四在4岁那年（1643年）失去了父亲，其母奥地利的安娜开始了直至1661年的长期摄政。安娜素有乐善好施的仁慈之名，为了不从国库支钱，她经常变卖自己的首饰布施给穷人。[②]在其统治期内，安娜面临着内外交困的局面，国内有大贵族与巴黎高等法院造成的"投石党运动"，对外则深陷三十年战争之中，而坚持任用马扎然也使她饱受诟病。然而在三十年战争中，她为了法国的利益，与她的亲兄弟西班牙国王交战，最终迎来和平。在她统治期间，法国将阿瓦图、阿尔萨斯、鲁西永、塞尔达涅等地区收入版图。在她去世的时候，有人评价她是法国最伟大的王后之一，路易十四纠正道："不，她可以位列我们最伟大的国王之中。"[③]

---

① Philippe Tourault, *Ces reines qui ont gouverné la France*, pp. 194-206.

② Claude Dulong, *La vie quotidienne des femmes au grand siècle*, Paris: Hachette, 1984, p. 187.

③ Claude Dulong, *La vie quotidienne des femmes au grand siècle*, p. 203.

16-17世纪法国王室摄政情况简表[①]

时间	国王出征	国王年幼
1515、1523以及1525—1526年	弗朗索瓦一世 母亲：萨伏依的露易丝	
1560—1563年[②]		查理九世（10岁） 母亲：美第奇的凯瑟琳
1574年[③]	亨利三世 母亲：美第奇的凯瑟琳	
1610—1614年[④]		路易十三（9岁） 母亲：美第奇的玛丽
1643—1661年		路易十四（5岁） 母亲：奥地利的安娜

从凯瑟琳到安娜这段时期，被研究者称为"女性摄政的一个世纪"。[⑤]虽然法国从未有明确法律规定摄政之职由女性来担任，但法国旧制度的摄政多为女性却是不容置疑的事实。而且从上述史实可以看到，女性摄政往往保障了王权的强大与稳定延续。众所周知，法国政治文化中存在着强大的排斥女性涉足政治的传统。[⑥]下文将从分析有关女性摄政的论争入手，探究在此传统下，女性摄政制度依然长期存在的根源。

二、关于女性摄政的论争

虽然从表面上看，把法国旧制度时期女性摄政现象与其政治文化传统中对女性干政的高度戒备放在一起讨论，会觉得两者构成了不可调和之矛

---

① Corvisier André, "Pour une enquête sur les régences", pp. 201-226.

② 但凯瑟琳实际掌权至1574年查理九世因胸膜炎去世。

③ 亨利三世执政期间，凯瑟琳一直参与最高决策至1589年去世。

④ 路易十三亲政之后，玛丽并未放权，掌控御前会议直至1617年路易十三发动政变将其软禁。

⑤ Madeleine Foisil, *Femmes de caractère au XVIIe siècle*, Paris: Fallois, 2004, p. 166.

⑥ 参见维耶诺一书的主要观点: Éliane Viennot, *La France, les Femmes et le Pouvoir. 1. l'invention de la loi salique (V[e]-XVIe siècle)*, Paris: Perrin, 2006.

盾。然而若将此问题放置在特定的历史背景中去具体分析，我们会注意到关于女性摄政的看法有两个发展阶段。

第一阶段，在家族与国家的概念区分并不清晰的中世纪，女性摄政几乎不会招致太多非议。因为家族产业、领地、领土乃至王国的概念依然处在一片混沌交织的模糊之中。身为妻子与母亲，女性受其丈夫委托，在其外出征战或身故之后，担负起照顾幼子及监管家产的职责被视为天经地义。在西欧绝大部分地区，贵族男子由于常年征战，他们所从事的经济活动是有限的，许多经济事务的管理工作由妻子们承担。[1]在某些地区，领主的遗孀甚至可以召开领主法庭，处理领地上的司法事务，也可与教会人士一起协商教区内的各种纠纷。例如，纳瓦尔的布朗什就在其子年幼期间统管香槟伯爵领地达9年之久。[2]

但是，到了第二阶段，情况发生了变化。自16世纪以来，随着近代国家观念的逐渐形成，[3]家与国之间的界限日渐清晰，如果说女性处理一方领地之内的事务尚无反对之声，但倘若是统领一国政事，则会激起诸多抵制。而更值得关注的是，这一阶段，也是法国知识界为了阻止国家分裂而逐步把古老的蛮族法典——《萨利克法典》重新解释成禁止女性继承王位的"基本法"（loi fondamental）的历史时期。但令人意外的是，在这样强大的反对女性干政的氛围中，对于女性摄政，虽然反对者渐众，但支持的声音却更多。所以在这个历史阶段，关于女性摄政的讨论就变得更为错综复杂。

---

[1]　萨哈：《第四等级：中世纪欧洲妇女史》，第165页。

[2]　萨哈：《第四等级：中世纪欧洲妇女史》，第153页。

[3]　如勒布汉在其发表于17世纪上半叶的《国王主权》（Cardin Le Bret, *De la Souveraineté du Roy*, Paris, 1632.）这篇著述中，已经非常清晰地把整个法国王国与其他欧洲国家相区别，不再使用中世纪人们常用的领主属地概念。

反对者往往从女性不应当介入公共事务也不具备处理政治事务的能力这一角度抨击女性摄政。如新教作家约翰·诺克斯（John Knox）便把凯瑟琳的统治贬斥为"恶魔般的治理"。[1]1575年出版的一部关于凯瑟琳的小册子流传甚广，称其为"暴君的主人"。在圣巴托洛缪惨案之后，凯瑟琳更是被其敌人视为使用毒药的意大利女巫。[2]安娜摄政之初，便有匿名文章抨击她为了夺权谋杀国王。[3]宗教战争期间，新教一方提出摄政之职应由一个合法的委员会来担任，即便在国王年满14周岁之后，依然应由该委员会协助处理政事。这一观点的提出矛头所指乃是当时摄政的太后美第奇的凯瑟琳以及以吉斯兄弟为首的天主教势力。新教人士认为由太后摄政是"违背王国的法令和风俗的"。[4]

在反对者之中最有代表性的应属当时著名的学者勒布汉（Cardin Le Bret）。勒布汉认为近期出现的女性摄政完全违背了《萨利克法典》树立的原则。他指出，国王们从他们诞生之日起就继承的王位并非属于他们自己，而是依据继承的权利获得的，因此，即便国王自己，也不能任意将王位传给他所中意的继承人，这是法国君主制不可否定的原则。[5]他还认为，因为君主只能是男性，所以即便签订了详细的婚姻合同，婚姻也并不能使王后插手王国事务的管理（le maniement des affaires du Royaume），王后只能对王室家族私人产业进行管理（l'économie privée et domestique de

---

[1]　Kathleen Wilson-Chevalier et Éliane Viennot, *Royaume de fémynie. Pouvoirs, contraintes, espaces de liberté des femmes, de la Renaissance à la Fronde*, Paris: Champion, 1999, p. 214.

[2]　Georges Duby et Michelle Perrot, *Histoire des femmes en Occident*, Tome 3, p. 219.

[3]　Kathleen Wilson-Chevalier etc., *Royaume de fémynie*, p. 107.

[4]　Pierre Bonin, "Régences et lois fondamentales", *Annuaire-Bulletin de la Société de l'histoire de France 2003,* Paris: Société de l'histoire de France, 2005, pp. 77-135.

[5]　Cardin le Bret, *De la souverainete du Roy*, pp. 30-31.

leurmaison），在公共事务中不享有任何权威性（n'ont aucune authorité dans le public）[1]。所以，根据勒布汉的观点，王国与王室家族是两个截然不同的概念，王后作为国王的妻子，在其丈夫的授权下，确实有权利处理家族内部事务。但是，其论述之核心在于，即便是国王自身都是依据法律来继承王位，王位并非私产，所以国王出于自己的意愿而指定自己的妻子或女性亲属作为摄政，实际上是违背了君主制的基本原则；更不用说作为软弱女性的王后，完全不具备处理国家事务所需的谨慎与睿智，是绝不能插手国家大事的，即便她们的丈夫允许她们这么做。[2]

当时女性摄政招致反对的主要原因如下。首先，虽然此前法国历史上出现过大量摄政的先例，但摄政制度从未正式形成严格的法律文本，因而摄政总是导致国内各种政治力量蠢蠢欲动。事实上，无论是谁摄政，都会引起其他各方关于其合法性的质疑。而这一阶段，法国面临着政局动荡不安、宗教战争与"投石党运动"纷至沓来的混乱局面，统治权力的合法性必然是各方激烈论争的要点。尤其是随着法国民族国家观念的日益清晰化，人们对于把法国权杖交由一个外来人执掌总是忧心忡忡（太后们往往都是外国人）。另一方面，也是更重要的缘由在于，随着国家机构的发展成熟与正规化，大学人士进入管理层中担任公职日益增多，更多的人相信，治理国家需要特殊的理性与过人的勇气，这绝非女性所拥有的素质。[3]在此情况下，当实际统治大权落入女性之手时，无疑会激起更大的

---

[1] Cardin le Bret, *De la souverainete du Roy*, pp. 43-44.

[2] Cardin le Bret, *De la souverainete du Roy*, p. 48.

[3] 例如，14世纪著名学者Petrus Jacobi的著述提到女性不能担任公共事务。他代表当时的学者试图把古老的罗马法与他们当代的问题相结合。1378年一位大学教师在巴黎大学开授课程，引用亚里士多德、奥古斯丁的言辞来论证女性不适合统治与处理公共事务。参见：Ralph E. Giesey, *Le rôle méconnu de la loi Salique*, Paris: Les belles lettres, 2007, p. 57, p. 72.

反对之声。据此，有些历史学家认为，16—17世纪期间，反对女性言论大规模传播的重要缘由之一正是当时恰好是许多女性摄政活跃于政治舞台的"黄金时期"。[1]因此，在此阶段关于女性摄政的论战，实际上是在国家权力架构日趋成形的过程中，关于国家最高权力归属与如何行使这一权力的一场讨论。由于讨论从女性摄政的角度展开，因而又介入了性别意识形态的层面，政治讨论借由性别话语展开。关于摄政问题争论的核心问题便集中体现为：在国王尚未具备亲自掌权的能力之时，究竟该由谁来代替他行使国家的最高权力。换言之，争论的关键不在于应不应当有摄政，而是国王的母亲是否为合适的摄政人选。

支持者一方则强调年幼国王的母亲是最好的摄政人选，因为这显然符合自然赋予母亲照顾孩子、保护孩子财产的本性。事实上，从现有文献来看，支持摄政的材料明显多于反对者。例如，法学家迪蒂耶对于新教提出的要以血亲亲王来组成摄政委员会的提法大力抨击，他以历史事实证明年幼国王的叔伯并不适合担任摄政。[2]他说，历史上，像亨利二世那样把摄政之权给予他的妻子，这种授权得到了高等法院、奥尔良地区三级会议以及亲王们的一致认可。[3]再如，1614年的一份匿名文献便是以"感谢王太后的摄政"为题，文中这样写道："为了王国利益，她总是克制容忍，以免陷人民于战事……她就像一位经验丰富的船长，小心谨慎地驾驶着我

---

① Pierre Darmon, *Femme, repaire de tous les vices: misogynes et féministes en France (XVIᵉ-XIXᵉ siècles)*, Bruxelles: André Versaille éditeur, 2012, p. 12.

② Jean du Tillet, *Recueil des rois de France, leur couronne et maison: ensemble, le rengs des grands de France; Une chronique abrégée contenant tout ce qui est advenu*, pp. 223-224.

③ Jean du Tillet, *Recueil des rois de France, leur couronne et maison: ensemble, le rengs des grands de France; Une chronique abrégée contenant tout ce qui est advenu*, p. 204.

们这艘大船。"[1]作者强调摄政王太后的"温和"（douceur），这正是人们相信女性特有的秉性。[2]克雷蒙地区的官员让·萨瓦宏在其关于美第奇的玛丽摄政的论述中提出，在国王年幼之际，国王的母亲即太后是国王及其王国最坚定的保护者，因为她绝对无法攫取王位，所以她是最合适的摄政人选。[3]甚至有匿名文章把应由女性摄政与有关国王即位合法年龄的法规合并视为摄政的基本原则。[4]1644年，奥特伯爵（Comte d'Auteuil）还特意为圣路易的母亲、曾经也身为摄政的卡斯蒂耶的布朗什出版了一部长篇传记。在题记中，作者大力赞美当时的摄政太后安娜的这位先祖的丰功伟绩。[5]1647有教士勒弗隆（Jean Le Foullon）创作了一首赞美安娜的诗歌，诗中这样写道："我们感谢您，绝无仅有的奉献者，感谢您带来胜利的百合花，请您把一切美好带给国王路易和摄政者，是他们给予整个世界和平。"[6]即便有匿名作者抨击摄政时期的时政，他们也多把矛头指向马扎然等首相而非摄政太后本人，认为阴险狡诈的马扎然蒙蔽了太后，使之没有明断是非，但他们并没有质疑女性摄政这一制度本身。像加泰罗尼亚地

---

[1] *Remerciement à la Royne regente mere du Roy, et à Messieurs les Princes et Seigneurs qui l'ont assistee*, Lyon, 1614, p. 5.

[2] *Remerciement à la Royne regente mere du Roy, et à Messieurs les Princes et Seigneurs qui l'ont assistee*, p. 8.

[3] Harriet Lightman, "Political Power and the Queen of France: Pierre Dupuy's Treatise on Regency Gouvernments", *Calladian journal of History*, December 1986, pp. 299-312.

[4] Harriet Lightman, "Political Power and the Queen of France: Pierre Dupuy's Treatise on Regency Gouvernments", pp. 299-312.

[5] Charles de Combault Auteuil, *Blanche, infante de Castille, mère de saint Louis, reyne et régente de France* ([Reprod.]), Paris: A. de Sommaville, 1644.

[6] Jean Le Foullon, *Bluettes du feu divin, dédiées à la reyne régente*, 1647, p. 12.

区的大使写给安娜的信件也是毕恭毕敬地表达了同样的观点。①

　　正如维耶诺指出，除了部分作者会从女性天性不适合政治事务的角度出发去反对女性摄政外，知识界的大多数人对此并不反对，②相反，他们会觉得这是符合自然法的天经地义之事。当时著名法学家迪皮耶（Du-puy）的观点非常具有代表性。他相信母亲是照顾年幼国王的最好人选，但是国家的行政事务，最好交由一个委员会来处理，委员会的成员应当包括但不限于血亲亲王。值得注意的是，迪皮耶认为女性不能以其自身名义进行统治，也不能在没有男性指导的情况下处理政务。但另一方面，作为国王监护人的太后又不应当被排除在统治王国事务之外，否则就意味着国王被排除在外。因此，他觉得摄政的太后应与委员会一起协商解决统治事务。③由此可知，总体而言，迪皮耶并不反对女性摄政掌权，只不过要加以某些限制。性别并不是他考虑的重点，代行最高主权的合法性和实际统治能力才是他关注的核心。

　　除了立场截然对立的支持者与反对者之外，还有一支"骑墙派"——高等法院，也值得注意。高等法院对于女性摄政的态度，实则最鲜明地体现出关于摄政问题的讨论本质上并非性别问题，而是政治权力如何分配与执行的问题。前任国王的政治遗嘱或者新上任的摄政开始实行统治都需要在巴黎高等法院登记，因而高等法院自然也会被牵涉到摄政的问题之

---

　　① *Paraphrase sur le bref de sa saincteté envoyé à la Reyne régente mère du Roy, touchant sa reconciliation avec plusieurs des plus signalez de son royaume et le soulagement de son peuple*, Paris: C. Morlot, 1649; *L'ambassadeur des estats de Catalogne... à la Reine régente mère du Roy... : à la Reine Régente Mère du Roy, touchant les affaires de cette province, et la paix particulière et générale* / envoyé par Don Ioseph de Marguerite,....Paris: C. Morlot , 1649.

　　② Éliane Viennot, "Les historiens du XVIe siècle, la loi salique et les reines de la dynastie mérovingienne", Paru dans M. Viallon (dir.), *L'Histoire et les historiens à la Renaissance*, Saint-Etienne: Publications de l'Université de Saint-Étienne, 2001.

　　③ Pierre Dupuy, *Traité de la majorité de nos rois et des régences du royaume*, 1655, p. 18.

中。不过他们的立场往往是随着局势而变化，并无一以贯之的准则可循。例如，1515年高等法院反对弗朗索瓦一世授予其母摄政一职；[1]然而在亨利四世去世之后，高等法院又承认玛丽的摄政权。[2]路易十三去世后，高等法院的大法官们甚至授予安娜"自由地、不受限制地全权管理王国事务"的权利。[3]由此可知，高等法院的法官们的选择完全与性别无关，高等法院旨在强化自身在君主制体系中的影响与地位，他们根据不同的形势选择对他们有利的立场。所以，只要形势需要，高等法院的法官们并不介意承认一位女性成为全国实际的掌权人。而摄政的太后们也需要法官们给予法律程序上的认可与支持。太后一人不可能成为摄政，她须依仗其他强大的政治力量才有可能获得权力。不论是凯瑟琳、玛丽，还是安娜，均获得了王族中重要大贵族的支持。[4]

综上所述，在关于王国是否可以由女性摄政的讨论中，不论是支持者还是反对者，他们的真实意图并非讨论性别，其矛头所指乃是政治，就像吉塞在论述《萨利克法典》时所指出的那样，"排斥女性并非一个基于性别的原则性的问题，而是一个政治问题"。[5]而这个政治问题，正是与法国君主制在此阶段的发展密不可分，那就是如何保障最高权力在不被削弱分散的前提下稳固且合法地传承。

三、女性摄政与该阶段法国君主制发展的特点

从女性摄政现象自身所依托的政治历史背景以及当时人们对此的诸多

---

[1] Harriet Lightman, "Political Power and the Queen of France: Pierre Dupuy's Treatise on Regency Gouvernments", pp. 299-312.

[2] Kathleen Wilson-Chevalier etc., *Royaume de fémynie*, p. 67.

[3] Philippe Tourault, *Ces reines qui ont gouverné la France*, p. 254.

[4] Kathleen Wilson-Chevalier etc., *Royaume de fémynie*, p. 68.

[5] Ralph E. Giesey, *Le rôle méconnu de la loi Salique*, p. 47.

观点，可以初步探究到女性摄政问题背后的两大原因，而这两大原因又与法国君主制在此阶段的发展特点关系密切。

首先，法国君主制中深厚的"家国一体"概念对女性摄政的影响非常大。当时许多法学家把国家视为扩大版的家庭，国家事务与王室家庭事务常有混淆之虞。^①家庭模式在不少地方为君主制的理论建构提供借鉴：^②如果国王是王国的父亲，那么王后被视为"和平圣母"（Dame de paix），她有调解纷争的义务；她也有护佑臣民的义务，所以她又被称为"人民之母"（la mère du peuple）或"所有基督徒的母亲"（mère de toute Chrétienté）。^③这些称谓在中世纪的文本中广泛流行，明显可以看到把王后视为整个王国"主母"的家国一体特色。这样的传统在文艺复兴时期乃至近代早期都一直留存，这也是为何黎塞留在全国三级会议上称玛丽太后不仅是"国王的母亲"，也是"王国的母亲"。直至大革命前夕，路易十六依然会在大量陈情书中被视为国家的"好父亲"，而其妻子玛丽·安托瓦内特在小册子中被称为"坏母亲"。这一模式在大多数支持女性摄政的论述中体现得非常明显，这派论点最强有力的证据也是从这样的认识层面出发。而像勒布汉等反对者们则秉持着女性天生不适合处理政事的论调，从根本上把国家大事与领地家事区分开来，反对的恰好是把两者混淆的传统观点。

① Fanny Cosandey, "La maîtresse de nos biens: Pouvoir féminin et puissance dynastique dans la monarchie française d'Ancien Régime", *Historical Reflections / Réflexions Historiques*, Vol. 32, No. 2 (Summer 2006), pp. 381-401.

② Fanny Cosandey, "Puissance maternelle et pouvoir politique. La régence des reines mères", *Clio. Histoire, femmes et sociétés* [En ligne], 21 | 2005, mis en ligne le 01 juin 2007, consulté le 14 mars 2016. URL : http:// clio.revues.org/1447 ; DOI : 10.4000/clio.144.

③ Murielle Gaude Ferragu, *La reine au moyen âge, le pouvoir au féminin XIVᵉ-XVᵉ siècle*, Paris: Éditions Tallandier, p. 257.

理论构建依托的是事实层面，在法国很多地方，由母亲掌管家族领地、监护孩子直至成年是古已有之的习俗。这一现象在12—13世纪尤为突出。由于连年争战，很多领主在其继承人尚未成年之际便已战死沙场，他们的妻子便担当起监护年幼的继承人的职责。[①]例如，1214年，法王奥古斯都就承认香槟地区由成为寡妇的伯爵夫人统领，后者同时获得孩子的监护权。[②]正如迪皮耶强调的，人们相信母亲对孩子天然的情感使她会竭尽全力保护属于孩子的财产。[③]法国历史学家贝蒂埃（Simone Bertière）也相信，女性摄政是受到了封建时期贵族传统的影响。她认为，在领主参加十字军东征或其他战事的时候，通常由领主的妻子来管理领地，因此，扩大到王国，当国王不在之时，便有王后来管理国事。[④]而传统与先例对于法国君主制的政治合法性来说，具有无可比拟的权威性，[⑤]正因为如此，凯瑟琳在摄政期间始终强调其对亡夫的追思，同时也强调她是两位法国国王的母亲，她统治的合法性和权威性来源于作为妻子与母亲的身份。[⑥]

另一方面，法国贵族女性与政治的关系始终相当密切，这也与近代早期家族观念与国别观念之间的界限模糊相关。例如布朗什周围的女性小团体对于连接瓦卢瓦与纳瓦尔两大家族起到了相当重要的作用。作为配偶或者姐妹，她们采用的是私人通信或外交手段。这种居间作用，是她们实际上的作用，也是当时各大家族在实施政治联姻之际原本就考虑在内的策

---

① 萨哈：《第四等级：中世纪欧洲妇女史》，第153-165页。

② Pierre Dupuy, *Traité de la majorité de nos rois et des régences du royaume*, p. 4.

③ Madeleine Foisil, *Femmes de caractère au XVIIe siècle*, p. 166.

④ Kathleen Wilson-Chevalier etc., *Royaume de fémynie*, p. 65.

⑤ Harriet Lightman, "Political Power and the Queen of France: Pierre Dupuy's Treatise on Regency Gouvernments", pp. 299-312.

⑥ Georges Duby et Michelle Perrot, *Histoire des femmes en Occident*, Tome 3, p. 219.

略。查理五世在他的信件中提到了王后们在这点上的作用。[①]"家—国"界限的模糊，私人领域与公共领域之间的犬牙交错，使女性突破家族内部事务的限制成为可能，许多今天看来当归属于外交领域的事务，实际上在当时被视为家族领地财产的纠纷，这也是贵族女性常常可在其中起到重要斡旋作用的原因了。

从上述观点出发，女性以寡母身份摄政，不论是从私法还是公法的角度，都已经获得了先天的合理性。时人对此并无太大异议，因为他们觉得这是符合自然法的习俗。[②]这说明至16—17世纪，中世纪的这一传统依然具有强大的力量，在国家权力运作层面发挥着重要影响。同时，从这一角度考虑，便能理解女性摄政在表现其治理国家的合法性之际，为何一再渲染其身为国王母亲、国王的教育者的形象，其意图即为强调自身与年幼国王之间不可分割的紧密联系，让公众意识到，她们并非以其女性的个人身份进行统治，而是以国王母亲的身份帮助国王对整个王国进行治理。

第二个原因是，法国君主制发展至此，国王人身和最高权力之间关联日渐紧密，这是法国王权在16—17世纪日渐强大的结果，而女性摄政能够充分维护这一紧密联系。

摄政制度从初期的统管国事与照管幼王相分离，到最后两者稳固地合二为一，根本原因在于，在王权不断发展的过程中，国王人身与王国的最高主权日益变得密不可分。换言之，从继位者成为国王的那一天起（前任

[①] Brigitte Buettner, "Le système des objets dans le testament de Blanche de Navarre", *Clio. Femmes, Genre, Histoire* [En ligne], 19 | 2004, mis en ligne le 27 novembre 2006, consulté le 27 avril 2015. URL : http:// clio.revues.org/644 ; DOI : 10.4000/clio.644.

[②] Fanny Cosandey, "Puissance maternelle et pouvoir politique. La régence des reines mères".

国王去世，下一任立即即位，即le mort saisit le vif原则[1]），他便是国家最高权力的象征和唯一的拥有者，他不与任何人分享这一权力，也不能向任何人让渡这一权力。[2]在此前提之下，如果照管、教育幼王的太后被隔绝于政事之外，也意味着国王自身完全被隔绝于他所统领的国家大事之外，这种早期摄政制度下曾经多次出现的情况成为立法者竭力要规避的风险。正是出于这样的考虑，路易十三虽然对安娜的政治经验与能力顾虑重重，但依然任命她成为"王国的管理者与统治者"（l'administration et le gouvernement du royaume），让她进入最高国务会议。[3]

早期阶段的摄政并不集中于国王的女性近亲，无形之中会有将最高权力拱手让人的潜在危险。尤其需要注意的是，当国王幼年即位，摄政的情况是十分复杂的。有时，监管国事的职责与照管、教育幼王的工作由不同的人员承担，前者为亲王，后者则是太后。如1374年查理五世任命其妻子为幼子的监护人（la tutele de l'education），但同时又任命勃艮第公爵和波旁公爵为监管国事的摄政（la garde, gouvernement, defense du Royaume）。查理六世也是把两种职责分别委任给妻子与兄弟奥尔良公爵。[4]这种情况往往有利于亲王把持政局。有时，则是上述两种职责合二为一，即由太后以其照管的幼王的名义统领国事。如1294年美男子菲利普任命其王后为幼王监护人同时监理国事，给予她的称号是"摄政"（la Regence），区别于只负责照管孩子的"监护人"（la Tutele）。[5]在摄政制度逐渐形成的早

---

[1] Jacques Krynen, *L'empire du roi: Idées et croyances politiques en France, XIIIe-XVe siècle*, p. 142.

[2] François Olivier-Martin, *Histoire du droit français: des origines à la Révolution*, Paris: Éditions du Centre national de la recherche scientifique, 1951, p. 335.

[3] Philippe Tourault, *Ces reines qui ont gouverné la France*, p. 251.

[4] Pierre Dupuy, *Traité de la majorité de nos rois et des régences du royaume*, pp. 15-16.

[5] Pierre Dupuy, *Traité de la majorité de nos rois et des régences du royaume*, p. 15.

期，虽然1407年法令规定了国王成年的合法年龄，即年满14岁后，国王可以无须经由摄政之人而独立行使国家大权，^①但是若把权力委托给其他男性王族，未免有被夺权的危险。比如在查理六世年少时期，摄政的叔伯亲王处理国家大事完全无须征得他的同意。因而，把最高权力托付于女性近亲，无疑是最安全稳当的方案。^②

科桑代认为，早期摄政的特点是王权的消失，摄政权力的无限膨胀，摄政之人完全以自己的名义统治。^③查理六世在1403年和1407年两次颁布法令详细规定摄政的权限以及国王成年年龄等细则，希望消除这一隐患。这两部法令旨在保障国王的继承权，取消之前的摄政权限，并重新规定摄政的执行方式。^④实际上，从14至16世纪，《萨利克法典》作为王位继承的基本法被确立、王国产业的不可让渡以及摄政的制度化等一系列法规正式诉诸文本，这些因素在法律的层面赋予了法国君主制一套完整的理论体系。在这一王权理论体系化、制度化的过程中，监护年幼国王成为王后最重要的职责之一。^⑤不论是王位继承的形式还是摄政的设立，根本上都是为了尽最大可能保障最高权力在王族家室嫡系之内传承，维持国家的统一与稳定。

---

① Cardin le Bret, *De la souverainete du Roy*, p. 41. 不过1403年法令已规定，一旦前任国王去世，即位的太子不论年纪，立即获得国王称号，这是为了在王位的传承过程中，不致出现哪怕很短时间的空缺。详见：Pierre Dupuy, *Traité de la majorité de nos rois et des régences du royaume*, p. 8.

② Kathleen Wilson-Chevalier etc., *Royaume de fémynie*, p. 65.

③ Fanny Cosandey, "De lance en quenouille. La place de la reine dans l'État moderne (XIVe-XVIIe siècles)" pp. 799-820.

④ Jacques Krynen, *L'empire du roi: Idées et croyances politiques en France, XIIIe-XVe siècle*, Paris: Gallimard, 1993, pp. 144-145.

⑤ Jacques Krynen, *L'empire du roi: Idées et croyances politiques en France, XIIIe-XVe siècle*, pp. 127-138; Fanny Cosandey, "De lance en quenouille. La place de la reine dans l'État moderne (XIVe-XVIIe siècles)" pp. 799-820.

　　因此，出现女性摄政的两大原因，即法国君主制中"家国一体"模式传统在近代国家形成早期尚有巨大影响力，以及王权在这一阶段的发展及强大，这两者之间是紧密相关的。简言之，在法国王权发展的过程中，王权逐渐与国王人身相联系。作为他的唯一合法妻子，王后身为"国母"的传统监护人职责也逐渐制度化。

　　在此之前，法国已经通过对《萨利克法典》的重新发掘与阐释，把排斥女性及女性之后裔继承法国王位作为王国的基本法加以确立。《萨利克法典》使女性绝对无法染指王位，在此前提之下，使年幼国王的母亲成为国王和王国的"监护人"（tutel）便成为保障王位正常传承、王国事务如常运作的最佳选择。更何况，查理六世于1407年颁布的法令已经明确规定，摄政之人只是代行主权，国王是唯一拥有最高主权之人，摄政只能以国王的名义进行统治，而不能以其自身的名义发布任何命令。正是在这样的认知背景之下，迪蒂耶声称法国人之所以伟大是在于他们从不屈服于女性的统治，但他同时又认可当时女性摄政，这其实是可以理解的。因为，事实上，在迪蒂耶等人看来，女性摄政并非女性自身在统治，她只是在替国王执行他的权力，真正的统治者乃是国王本人，因而他们所臣服的只是国主本人的权威，而绝非代其行事的太后。概言之，王位的神圣性与象征性在此时已经与实际的统治行为相分离，换言之，最高权力的拥有者与实际权力的行使者是可以相分离的。摄政太后体现的职责正是身为国王母亲而被赋予的责任：监护幼王，成为王位的保护者和守卫者（tuteur、protecteur et garde）[1]。因此，当时的大多数人可以接受女性摄政，并不认为这一措施违背《萨利克法典》，因为这乃是一种权宜之计，并不背离王国的基本法与基本原则。而且，迪皮耶强调，由于国王与最高主权不可分

---

　　[1]　Pierre Dupuy, *Traité de la majorité de nos rois et des régences du royaume*, p. 14.

离，因而即便在国王年幼之际，他亦须以某种方式介入王国的管理之中，或以其母或以其他的代理人，这是国王绝对权威所必需的。[①]这便说明，在当时主流的法学家眼中，太后摄政不仅不会使女性削弱了国王权力，相反，是一种保障和体现国王最高主权的方式。

最后，从实际效果而言，女性摄政制度确实有利于保证王位平稳传递，尽可能避免国内战乱。虽然有史家认为国王去世之后继承人年幼或者国王长期外出征战而授权女性摄政是引起政治局势动荡的根源，[②]但这一观点大有可商榷的余地。虽然有时摄政确实与时局动荡紧密相关，但两者是否存在着因果关系，则需要细致分析。很有可能是幼王即位造成各方势力觊觎王位，政治局面暗流涌动，而恰恰是太后摄政使这种威胁与动荡平息。例如亨利四世去世之后，以孔代亲王为首的各路大贵族蠢蠢欲动，试图重新夺回他们失去的权力。恰恰是摄政的玛丽用金钱与武力相结合瓦解了多达八次的叛乱。因而迪蒂耶在以巴黎高等法院的名义写给国王与太后的文件中提到的，在形形色色的阴谋与私利的包围之中，太后的治理使国家避免落入悲惨局面。[③]

摄政的主要任务是稳妥管理国家直至平稳交接给下一任国王，因而，摄政时期的政事均以稳定为第一要务，而这一点，正是支持太后摄政那一派最有力的证据。恰如1614年里昂那位匿名作者反复强调："战争造成血流成河，夺取无数人的生命，而这位高尚的王后使我们免于内战。"[④]更重要的是，作者认为正是太后而非某一家族的亲王摄政才能使大贵族之间

---

① Pierre Dupuy, *Traité de la majorité de nos rois et des régences du royaume*, p. 17.

② Corvisier André, "Pour une enquête sur les régences" pp. 201-226.

③ Parlement de Paris, *Très-humble remonstrance du Parlement au Roy et à la Reyne Regente* (21 janv. 1649, signé Du Tillet) / (attribué au président Le Coigneux), p. 4.

④ *Remerciement à la Royne regente mere du Roy, et à Messieurs les Princes et Seigneurs qui l'ont assistee*, p. 6.

相安无事，谨记自身效忠王室的职责，而王国的各级官员和法官们也都能秉持最大的公正加入这一联合之中，为了维系和平，为了公众利益（le bien public）而尽忠职守，而不必为某一些团体的特殊利益选择自己的立场。[①]这位作者的观点实际道明了太后摄政中很重要的关键，那就是在一种由前任国王去世所造成的政治失衡状态中，以中立的姿态来确保王位传承的权威性及合法性。另一方面，女性摄政往往并非由她本人独自完成，从黎塞留到马扎然，这些出身低微的首相更在某种程度上保证了摄政制度的中立性。而且这些强有力的助手都以强化王权为其政策出发点，即便是安娜那样较为柔弱的统治者，也使得法国君主制在摄政年代向着巩固与强化王权的趋势靠拢。从实际效果而言，这是一种最有可能消弭潜在对峙与冲突、避免某一方力量独大，并且保障王权不旁落他人之手的方式。

四、结论

法国君主制虽然从文艺复兴时期开始逐渐向着绝对主义中央集权发展，但实际上，绝对王权不等于王权无约束，相反，受到多种因素的牵制——如习惯法、宗教力量等——乃是绝对王权的题中应有之义。可以说，绝对君主制本身就是多种政治力量相互牵制与角逐而形成的均衡状态，因此太后摄政正是多种力量相互较量协商之后的"共识"局面的最佳体现。[②]但是，笔者认为，更恰当的说法应当是：摄政制度，作为王位传承制度的重要补充机制，逐渐从带有明显家族产业继承方式色彩的各种地

---

① *Remerciement à la Royne regente mere du Roy, et à Messieurs les Princes et Seigneurs qui l'ont assistee*, pp.9-10.

② Morel Octave, "Les États-Généraux de Savoie sous les régences des duchesses Yolande de France (1468) et Blanche de Montferrat (1490)", In: *Bibliothèque de l'école des chartes*, 1933, Tome 94. pp. 58-73.

方习俗中脱离，形成整套较为固定的人选与运作方式，这本身即是法国绝对主义君主制在几个世纪里逐步走向成熟以及强大的表现。反过来，它也进一步保障了王权的巩固与强大。摄政制度发展到该阶段，成为一项专门处理王位继承人因年幼而无法独立掌管政事的特殊时期的特殊制度，历经演变，最后集中到年幼国王的母亲身上，是因为这是最符合君主制稳定与发展的一个方案。在这一过程中，年幼国王的母亲看似凭其自身在整个王权运作体系中的特殊身份地位成为摄政一职的不二人选，但实际上她并非以自己独立的身份，而是以国王母亲的身份并以国王的名义来治理国家。换言之，国王依旧是最高主权的体现，太后只是他的一个代理人，唯有国王的授权，她才能拥有代行政事的权力，国王随时可以收回这一委托的权力。这就是在玛丽太后与成年之后的路易十三的冲突中，虽然年轻的国王羽翼未丰，但太后始终落于下风，需要国王的许可才能重返国务会议的原因。

从16世纪到17世纪，虽然反对者甚众，但多位女性摄政依然把持法国朝政将近百年之久，推动着君主制朝着绝对主义方向发展，这并非说明法国主流阶层终于认可女性在政治层面发挥作用的必要性，而是说明法国君主制在这一发展演变的过程中，虽然在行政体制上科层架构逐渐显露出雏形，开始摆脱家族管理的早期模式，但在权力核心阶层始终带有浓厚的"家国一体"色彩。这样的色彩实际上是法国君主制的基本底色。从性别史的角度而言，对女性的限制随着时代演进而变化，而且对于女性，事实上存在着一种补偿机制，尤其当她们扮演着母亲或妻子的角色之际，她们实际掌握了许多不被人注意到的领域里的权力。[①]

---

①　Cécile Dauphin, Arlette Farge et Geneviève Fraisse, *Culture et pouvoir des femmes: essai d'historiographie, Annales. Histoire, Sciences Sociales*, 41ᵉ Année, No. 2 (Mar. - Apr., 1986), pp. 271-293.

第三篇　话语与政治

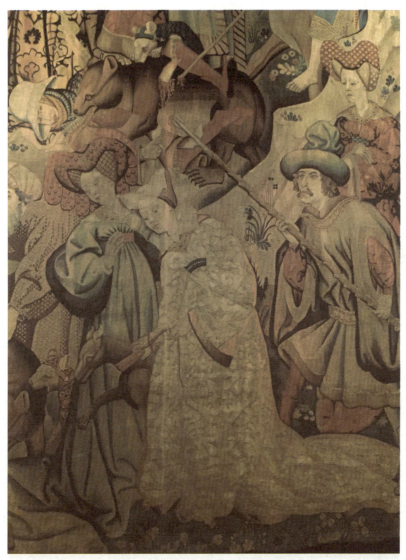

第一章图1　《捕捉天鹅与水獭图》细节图，1430—1440年
藏于英国维多利亚与艾伯特博物馆

第一章图2 《猎鹿图》细节图，1440—1450年
藏于英国维多利亚与艾伯特博物馆

第一章图3 《牧歌图》细节图，1500—1520年
藏于英国维多利亚与艾伯特博物馆

第一章图4 《狩猎与牧羊女》细节图，1500年
藏于法国国立中世纪博物馆

第一章图5 《攻陷爱情城堡》镶金象牙首饰盒，1300—1310年
藏于法国国立中世纪博物馆

第一章图6 《放鹰图》细节图，1500—1510年
藏于英国维多利亚与艾伯特博物馆

第一章图7 《狩猎归来》细节图，16世纪上半叶
藏于法国国立中世纪博物馆

第一章图8 《贝利公爵的奢华时光之四月》，15世纪彩绘年历画
藏于法国孔代博物馆

第一章图9　15世纪书籍《图尔朗德利骑士为教导其女所作之书》中的插画
藏于巴黎国家图书馆

第二章图 《曼特农夫人画像》

身为路易十四的秘密妻子，曼特农夫人以简朴著称，但即便没有华丽的首饰，服饰采用的精致蕾丝也显示出穿着者的身份地位。

Roger Duchêne, *Etre femme au temps de Louis XIV*, Perrin, 2004, p. 209.

第二章图　《饰带女商贩》　作者：Willem Joseph Laquy（1738—1798）
藏于巴黎Musé Cognacq-Jay。

17—18世纪，不少服饰品商贩都是上门售货。图中描绘的便是一位身着居家服饰的贵族女性在挑选购买饰带，她背后的发型师正在为她梳理发型。

第二章图　《上流社会男士像》

17世纪晚期巴黎著名版画家亨利·博纳（Henri Bonnart）的作品，描绘贵族的衣着打扮及生活方式。

Kathryn Norberg and Sandra Rosenbaum, *Fashion Prints in the Age of Louis XIV*.

第四章图 《王太子的圆规》 作者：Philippe de Gueldre 藏于法国卢浮宫
该插画大约制作于1505—1506年间，描绘了弗朗索瓦一世的母亲萨伏依的露易
丝在其子教育成长过程中的重要作用。图中露易丝身着黑色丧服拿着巨大的圆
规放置在年轻的王太子头顶上方，具有浓厚象征意味。

第四章图 《美第奇的凯瑟琳》 作者：不详
藏于法国卢浮宫

第四章图　《委托王后摄政》　藏于法国卢浮宫

该画作是著名画家鲁本斯为美第奇的玛丽所作组画中的一幅，描绘亨利四世将摄政一职托付给玛丽的场景。图中年幼的路易十三拉着母亲的手，眼神信任地看着玛丽。

第六章图 1764—1765年期间描绘热窝当怪兽的版画，图中文字强调怪兽经常袭击女性与儿童，咬断他们的肢体并喝他们的血。

图片来源于法文版维基

第五章 18世纪法国思想界关于法兰克时期政治体制的论战

18世纪，法国思想界围绕法兰克时期的政治体制爆发了一场大论战。论战双方通过对法兰克人入主高卢地区的方式、建立的政治制度等史实的考证和论辩，借古论今，为不同的政治立场与政治诉求寻找历史依据，渐渐形成了两种针锋相对的观点，即贵族论（thèse nobiliaire）与王权论（thèse royale）。这场借历史之名展开的论战，最终在第三等级加入之后，发生了根本性转折。以马布里为代表的第三等级取代了前两派，成为论战主角，而论战自身则以诉诸理性（raison）与公意（volonté générale）、抛弃历史而告终。

这场论战涉及18世纪法国政治文化转型、启蒙时代历史编纂学、法国革命的思想起源等一系列重大问题，历来为西方史家所关注。巴尔赞的《法国种族》是较早的一部研究成果，但缺乏系统性，忽视了对革命前第三等级的论述。[1]卡尔卡松讷的《孟德斯鸠与18世纪法国政体问题》过于强调孟德斯鸠在论战中的作用，忽略了马布里、塞日等人的贡献。[2]

---

[1] Jacques Barzun, *The French Race: Theories of Its Origin and Their Social and Political Implications Prior to the Revolution*, New York: Columbia University Press, 1932.

[2] Elie Carcassonne, *Montesquieu et le problème de la Constitution française au XVIIIe siècle*, Genève: Slatkine Reprints, 1978.

格雷尔则仅把论战归为历史编纂学范畴，疏于分析历史论战与政治思想以及政治事件之间的互动关系。[1]维尔纳致力于对早期历史的研究，关注的是后世如何评述法兰克人征服这一事件，他撰写的多篇文章厘清了有关该问题的谬论与偏见。[2]贝克借用人类学家哈布瓦赫的集体记忆理论以及列维·斯特劳斯的结构人类学观点，分析历史论战中有关争夺合法性的问题。[3]尼科莱从文化史角度分析该论战在建构国家认同中的作用。[4]而另一位法国学者圣-维克托意在借此问题挖掘法国式的自由的根基。[5]上述研究各有侧重，但都对该论战的史学叙述内在变化关注不足，更没有细致分析理性与公意的话语是如何进入历史叙述并最终消解历史本身的问题的。本文则将在简述18世纪中期之前关于此论战的讨论的基础上，结合18世纪启蒙运动的思想和历史背景，对论战进行详细解析，尝试回答诉诸理性、抛弃历史的激进观点是如何从一场延续了近一个世纪的历史论战中脱胎而来，为更完整地理解启蒙运动提供新的视角。

[1] Chantel Grell (ed.), *La monarchie absolutiste et l'histoire en France*, Paris: PUPS, 1986; *Historiographie de la France et mémoire du royaume au XVIIIe siècle*, actes des Journées d'Étude des 4 et 11 février, 4 et 11 mars 2002, Collège de France, textes réunis par Marc Fumaroli et Chantal Grell, Paris: Honoré Champion, 2006.

[2] Karl Ferdinand Werner, *Structures politiques du monde franc (VIe-XIIe siècles): études sur les origines de la France et de l'Allemagne*, London: Variorum Reprints, 1979; Karl Ferdinand Werner, "La 'conquête franque' de la Gaule itinéraires historiographiques d'une erreur", Bibliothèque de l'école des chartes, Vol. 154, No. 1(1996), pp. 7-45.

[3] Keith Baker, "Memory and Practice: Politics and the Representation of the Past in Eighteenth-Century France", in *Inventing the French Revolution: Essays on French Political Culture in the Eighteenth Century*, Cambridge: Cambridge University Press, 1990, pp. 31-58.

[4] Claude Nicolet, *La fabrique d'une nation: la France entre Rome et les Germains*, Paris: Perrin, 2003.

[5] Jacques de Saint-Victor, *Les racines de la liberté: le débat français oublié, 1689-1789*, Paris: Perrin, 2007.

一、历史论战的缘起

16世纪，受文艺复兴与人文主义影响，法国学者开始以历史批判视角撰述法国国家起源。在此之前，学者普遍相信，法国人是法兰克人的后裔，而法兰克人则是特洛伊人的后裔，他们在普里阿摩斯的儿子法兰克斯的带领下，逃离特洛伊，经多瑙河，抵达莱茵河边的日耳曼地区，最后在法兰西地区建立了他们的国家。[①]所以，当时对法国历史的叙述，大多从普里阿摩斯或赫克特等讲起。[②]尽管这种充满神话色彩的历史记述一度发挥过提升民族自信心、增强民族凝聚力的积极作用，但是由于宗教战争的破坏，王国的统一需要更为坚实可靠的认同基础。[③]正如当时人文主义者勒卡荣大声疾呼的："法国人，在你们自己的历史中拥有足够的范例，无须在希腊罗马的历史中搜寻。"[④]

---

① 关于16世纪尚在流传的特洛伊起源说，参见：Malingre, "De l'opinion qui eut le plus de partisans dans le16e siècle et suivant laquelle les Francs seraient descendus des Troyens", in Constant Leber (ed.), *Collection des meilleurs dissertations, notices et traités particuliers relatifs à l'histoire de France*, Tome 1, Paris: G. A. Dentu, 1838, pp. 39-42; *Clovis: histoire & mémoire*, actes du colloque international d'histoire de Reims, sous la direction de Michel Rouche, 2 Tomes, Paris: Presses de l'Université de Paris-Sorbonne, 1997.

② Huppert Georges, "Naissance de l'histoire en France: les 'Recherches' d'Estienne Pasquier", *Annales. Économies, Sociétés, Civilisations*, 23ᵉ année, No. 1 (1968), pp. 69-105.

③ Arlette Jouanna, *Le pouvoir absolu: naissance de l'imaginaire politique de la royauté*, Paris: Gallimard, 2013, pp. 196-197.

④ Louis Le Caron, *Responses et decisions du droit francois*, Paris: E. Richer, 1637, preface. 转引自唐纳德·R.凯利：《多面的历史：从希罗多德到赫尔德的历史探询》，陈恒等译，生活·读书·新知三联书店2003年版，第330页。

在一个灾难频仍、内战不断的时代，以帕基耶[①]和霍特曼[②]为代表的史学家对法国民族的诞生产生浓厚兴趣，纷纷进行法国古代体制及法律的相关研究。他们大多为司法界人士，比较关注法律的本质、法律与国家历史及当下公共事务的关系。[③]这些学者指出，体制和法律的力量来自它的古老和连续性（ancienneté et continuité）。帕基耶在《法国研究》（1560年）中抛弃了当时依然很流行的"特洛伊起源说"，[④]首次将高卢人作为法国人的祖先，[⑤]认为法兰克人的征服对象是高卢地区的罗马人，并非高卢人。因而也就不存在将高卢人贬为奴隶一说。所以，法国贵族应该既来

---

① 帕基耶（Estienne Pasquier）是法国16世纪末著名大法官，于1560年出版《法国研究》，1996年Champion出版社再版了此书，研究17世纪历史的法国学者茹阿纳（Arlette Jouanna）在书评中将该书誉为"取之不尽的宝藏"。Jouanna Arlette, "Etienne Pasquier, Les Recherches de la France, édition critique établie sous la direction de Marie-MadeleineFragonard et François Roudaut", *Bulletin de l'Association d'étude sur l'humanisme, la réforme et la renaissance*, Vol. 45, No. 1(1997), pp. 145-147.

② 作为最接近加尔文小圈子的活动家，霍特曼（François Hotman）从16世纪60年代开始，不仅参加了许多政治活动，也为法国雨格诺派的斗争撰写檄文。*La Gaule Françoise* 是他最重要的作品，在当时就已经引起巨大反响，对后世亦有深远影响。1574年法文版出版，1576年和1586年又再版拉丁文版本。作者的反绝对主义思想在后续版本中表现尤为明显，如在1586年的拉丁文版本中，新增的六章着重指出国王和王国之间的根本区别。但是，由于作者自身经历，他对于王权的看法并不是一成不变的，在为享利四世所用之后，他对于后者的维护显然与之前的反对立场背道而驰。详见：Pierre Mesnard, *L'essor de la philosophie politique au XVI*ᵉ *siècle*, Paris: J. Vrin, 1969, p. 333。

③ Orest Ranum, *Artisans of Glory: Writers and Historical Thought in Seventeenth-Century France*, Chapel Hill: University of North Carolina Press, 1980, p. 75.

④ Estienne Pasquier, *Des recherches de la France*, Paris: Robinot, 1581, p. 135.

⑤ 当时持相同观点的史学家不在少数，例如吉拉尔（Bernard de Girard）是与帕基耶同时代的历史学家，他发表于1570年的*De l'estat et succez des affaires de France*也完全否认特洛伊起源说，而是把4世纪的法拉蒙德（Pharamond）作为法国的第一个国王开始讲述法国历史。与帕基耶相似，他认为法拉蒙德带领法兰克人渡过莱茵河之后，就把高卢改名为法兰西，把高卢人改称为法兰克人（francons）、弗朗索人（françois），从此两支民族就合二为一了。不论是起源说还是政治观点，吉拉尔均与帕基耶相当接近。详见：Bernard de Girard, *De l'estat et succez des affaires de France*, 1611, Chapter 1（较之前的版本有增补内容，在作者去世后出版）。

源于法兰克人，也来源于高卢人。[1]与此同时，他强调高等法院在历史上对于限制王权的重要性，将其视为"国王与人民的纽带，整个法国的伟大依托在这一公共策略之上"。[2]霍特曼则看重古代三级会议的历史渊源，强调人人都尊重"全民同意的法律"才是治国要诀。[3]

因此，这些早期的法学家们关于法兰西起源问题的探索，多少都带有立宪主义的色彩。他们"要求回到一种比较传统的，因而也较少专制的立宪主义"。[4]但时代又促使他们努力思考如何在合理限定王权的同时又能达到国家统合、消除纷争的目的。于是，在整个16世纪，即便存在着对王权扩张的种种质疑，但归根结底，几乎无人对王权至高无上的合法性提出根本性怀疑。如《法国研究》全书都体现出帕基耶对法国国王的尊敬；霍特曼也不强调法兰克人和高卢人的区别。他们的目的就是要把"君主制和法兰克人的过去联系起来"。[5]

在17世纪，上述路径被进一步强化，有关国家的历史叙述成为神化王权统治的工具。当时的御用史家一味讴歌君王的丰功伟绩。[6]卷帙浩繁的史书被称为"宏大历史"（grandes histoires）。这些著述辞藻华丽，内容却千篇一律，往往以法拉蒙德开篇，讲述王位如何经克洛维，传至查理

---

① Jacques Barzun, *The French Race: Theories of Its Origin and Their Social and Political Implications Prior to the Revolution*, p. 253.

② Estienne Pasquier, *Des recherches de la France*, p. 161.

③ François Hotman, *La Gaule francoise*, translated from Latin by S. Goulart, Cologne: Hieromg Bertulphe, 1574, pp. 2-4, 27.

④ 唐纳德·R.凯利：《多面的历史》，第379页。斯金纳：《现代政治思想的基础》，下卷，奚瑞森、亚方译，译林出版社2011年版，第285页。

⑤ 唐纳德·R.凯利：《多面的历史》，第336—337页。

⑥ 关于17世纪法国的历史编纂学，参见：Orest Ranum, "Historiographes, historiographie et monarchie en France au XVIIᵉ siècle," in Yves-Marie Bercé and Philippe Contamine (eds.), *Histoires de la France, Historiens de la France*, Paris: Honoré Champion, 1994, pp. 149-163。

曼。它们传递了共同的观念，即未曾中断的历史证明了君权的合法性，当下的法国制度便是起源时代政治体制的完美延续。①颂扬君主制成为官方主流的历史哲学，并为国家起源的历史叙述提供了统一的认识框架与解释范式。

然而在路易十四统治末期（1680—1715年），连年战争加之天灾，使得民不聊生，太阳王的光辉逐渐黯淡，正统的政治原则与国家记忆受到侵蚀。思想界掀起一股被学界称为"反绝对主义"的热潮，历史叙述转而成为批判时政的武器。②费奈隆主教主张，历史研究应以了解社会政治的转型为主要任务，只有具备了这种历史知识，才不会误将路易十四的王政视为完美的、天经地义的制度。③有关政治制度和国家构成的历史研究，一时间成为各主要学院和私人沙龙热议的焦点。1692年，卢森堡一次盛大研讨会的主题即"法国最初几届三级会议的结构与成员"④。追溯法兰克时期法国的政治社会，是理解与反思当下的主要手段。从遥远的年代中，思想家挖掘出一套逝去的古典政体。这套政体被视作法国公法与政体合法性的根源。他们认为一切时弊的根源就在于背离了古典政体。对绝对君主制

---

① Chantal Grell, "L'histoire de France et le mythe de la monarchie au XVIIe siècle", in Yves-Marie Bercé et Philippe Contamine (eds.), *Histoires de la France, Historiens de la France*, pp. 165-188.

② 有关此阶段的历史批判主义，参见：Phyllis K. Leffler, "French Historians and the Challenge to Louis XIV's Absolutism", *French Historical Studies*, Vol. 14, No. 1 (Spring, 1985), pp. 1-22. 相关背景参见：H. Rothkrug, *The Opposition to Louis XIV: The Political and Social Origins of the French Enlightenment*, Princeton: Princeton University Press, 1966; George Tréca, *Les Doctrines et les réformes de droit public en réaction contre l'absolutisme de Louis XIV dans l'entourage du duc de Bourgogne*, Paris: Larose & Tenin, 1909.

③ Elie Carcassonne, *Montesquieu et le problème de la Constitution française au XVIIIe siècle*, p. 9.

④ 转引自：Elie Carcassonne, *Montesquieu et le problème de la Constitution française au XVIIIe siècle*, pp. 7-8.

的质疑便从法国民族起源的历史研究中获取思想与话语资源。

在此背景下，史家从各自不同的立场出发，重新编写国家与民族历史，希望梳理起源时代国家架构的形式以及此后的流变历程，用历史证明国家政治社会的现有弊端应归罪于某些群体的"侵权"和"僭越"，同时为自身团体的诉求找到历史的合法性依据。换句话说，"历史提供了一个合法性来源的巨大场所，她取代了上帝的位置，成为最初的合同、法国人的权利以及社会契约秘密的保管人。从此以后，她成为合法性的决定性时刻"。①

有产者和金融家从路易十四政府，尤其是科尔贝尔的重商主义中获益良多，尽管他们对当局略有不满，但不至于反对绝对王权本身。②王权的主要反对者来自贵族阶层。③权力遭到削弱的佩剑贵族是现行制度的主要批评者。他们追溯往昔，力图从建国历史中发现证明其权力合法性的依据。他们试图证明，贵族的传承谱系与王国一样古老，他们的权利来源于历史传承而不是国王的馈赠，因而国王无权剥夺。他们认为种种时弊的根源就在于这套古代政治体制被彻底抛弃。面对贵族的挑战，王权捍卫者同样将绝对王权的神圣性诉诸历史。对两派而言，法兰克人占领高卢之后建立的政治制度至关重要。正如维尔托所言，若不回到起源时代，则很难清楚认识自己国家的历史。④

---

① François Furet et Mona Ozouf, "Deux légitimations historiques de la société française au XVIIIe siècle: Mably et Boulainvilliers", *Annales. Économies, Sociétés, Civilisations*, 34e Année, No. 3 (May-Jun., 1979), pp. 438-450.

② Jean Marie Goulemot, *Le règne de l'histoire: Discours historiques et révolutions XVIIe – XVIIIe siècle*, Paris: A. Michel, 1996, pp. 99-127.

③ Paul Bénichou, *Morales du Grand Siècle*, Paris: Gallimard, 1980, pp. 68-69.

④ Abbé de Vertot, "Dissertation dans laquelle on examine si le royaume de France, depuis l'établissement de la monarchie, a été un État héréditaire ou un État électif", in Constant Leber (ed.), *Collection des meilleurs dissertations, notices et traités particuliers relatifs à l'histoire de France*, Tome 4, Paris: G. A. Dentu, 1838, p. 95.

贵族派的历史撰述有一个共同的宗旨，即认为政治自由和政治平等是法兰克人的古老传统。贵族派代表人物布兰维里耶在《法国古代政府历史》中宣称，尚在日耳曼森林的时候，法兰克人就有政治自由的传统，国王由选举产生，亦可由贵族大会罢免。布兰维里耶认为，当时所有法兰克人都是平等的，他们都是国王的近臣（leudes）。[①]维尔托也持类似的观点，他证明在法兰克时期，国王要为战士树立榜样，远比强调战士的绝对服从更为重要；而君王必须服从军法（lois militaires），选举产生的国王本质上只是领导战士的将军。[②]贵族派进而证明，征服战争将日耳曼森林的政治传统移植到了被征服的高卢地区，并成为新生国家的基本精神。因而布兰维里耶反问道："难道你们会相信，这些生来自由且珍爱自由的法兰克人，他们抛头颅洒热血征服高卢后，就是为了让他们的某位同伴成为绝对权力的主人？"[③]维尔托也反复强调，自由的传统直至墨洛温时代都是如此，贵族在诸位王子之间选举下一任国王。[④]布兰维里耶指出，法国一直都设有不同形式的政治议事大会，在这些会议上，贵族是主角，他们与国王共商国事。建国伊始每年便设有"三月会议"（Champ de Mars）。所有的政令都必须经该会议的讨论通过方能落实。到加洛林王朝，又从

① Henri de Boulainvilliers, *Histoire de l'ancien gouvernement de la France*, Tome 1, La Haye & Amesterdam: aux dépends de la Compagnie, 1727, pp. 29, 97. 关于利用历史反对绝对主义的研究，参见：Olivier Tholozan, *Henri de Boulainvilliers: l'anti-absolutisme aristocratique légitimé par l'histoire*, Aix-en-Provence: Presses universitaires d'Aix-Marseille, 1999.

② Abbé de Vertot, "Dissertation dans laquelle an tâche de démêler la véritable origine des François, par un parallèle de leurs moeurs avec celles des Germains", in Constant Leber ed., p. 60.

③ Henri de Boulainvilliers, *Essais sur la noblesse de France, contenans une dissertation sur son origine et abaissement*, Amsterdam: [s.n.], 1732, p. 37.

④ Abbé de Vertot, "Dissertation dans laquelle an tâche de démêler la véritable origine des François, par un parallèle de leurs moeurs avec celles des Germains", pp. 62-63, 69-70, 72-73.

"三月会议"中演化出如高等法院等其他议事会。①查理曼时代，除了
"三月会议"以外，还有"五月会议"（Champ de Mai）。②贵族派指出，
这一系列由贵族组成的机构限制了君权，是民主政治传统的体现。孟德斯
鸠也相信，君主制具有两个基本要素，即：基本法规定权力以及中间力量
确保法律的执行。③如何阻止君主制的日益败坏，是《论法的精神》的主
旨。孟氏认为改革正是为虚弱的制度注入活力，而非另立新制；所有确保
自由的措施，都是为了防止君主制陷入绝对专制，确保权力的多样性与
均衡。④

当然，贵族派所谓的政治民主实质上是以特权和等级区分为基础的贵
族式民主，因而其对古代政治传统的宣扬，必然将第三等级彻底排挤出权
力领域。他们强调，等级与身份差异是征服战争的结果，也是国家政治的
固有传统。圣西蒙公爵认为，胜利者法兰克人晋升为贵族，"他们是国家
的唯一团体，一开始他们被称为战士、显贵"，而那些被征服的人，则是
"农奴，完全被奴役的"。⑤至于教士，则是因贵族的怜悯与仁慈，才得
享第一等级的尊位。⑥正是在这个意义上，孟德斯鸠将法兰西初期无等级

① Henri de Boulainvilliers, *Histoire de l'ancien gouvernement de la France*, Tome 1, p.
57.

② Henri de Boulainvilliers, *Essais sur la noblesse de France, contenans une dissertation
sur son origine et abaissement*, p. 34.

③ Elie Carcassonne, *Montesquieu et le problème de la Constitution française au XVIIIᵉ
siècle*, p. 75.

④ Elie Carcassonne, *Montesquieu et le problème de la Constitution française au XVIIIᵉ
siècle*, p. 84.

⑤ Saint-Simon, *Mémoires*, Tome 2, Paris: Hachette, 1872, p. 367. 转引自：Jacques
Barzun, *The French Race: Theories of Its Origin and Their Social and Political Implications
Prior to the Revolution*, p. 152.

⑥ Saint-Simon, *Ecrit inédits*, Tome 4, Paris: Hachette et cie, 1873-1887, p. 407. 转引
自：Jacques Barzun, *The French Race: Theories of Its Origin and Their Social and Political
Implications Prior to the Revolution*, p. 153.

的观点斥为"对先后统治我国的三个伟大王朝的一种侮辱"。[①]贵族派认为，唯有贵族承担了维系古代政治传统的使命。布兰维里耶的言论集中表达了这一思想："贵族构成君主制的基石，他们建立了它，维系着它，他们还保护着稳定持久的法律，统治由此诞生。国王也是从贵族中而来，接受上帝赋予的王权。因此，数个世纪以来，贵族团体维系着国家的光荣与辉煌……没有他们，国王就软弱无力，人民就失去保护力量。"[②]孟德斯鸠坚信，在王权和人民中间需要有一种居间权力，而这种权力自然是贵族权力，"它以某种方式处于君主制的核心地位"。[③]因而，在布兰维里耶等人看来，削弱贵族权力、废除政治议事会就是背弃传统，是当下困境产生的根源。绝对王权的确立被贵族派看成是历史的转折。据布兰维里耶考证，卡佩登基是废弃传统的开始，因为这位国王并不是由合法的选举程序产生的。[④]换言之，贵族派的核心观点即绝对王权的确立意味着古代政治传统的全面废弃。

　　贵族派的历史叙述，通过征服战争这一核心事件，将法兰克时期的政治制度同日耳曼森林的政治传统联系起来。在他们的叙述中，国王权力一直是有限的，而贵族等级作为一个整体则享有不容否定的政治权利，并且贵族对维系国家稳定与繁荣至关重要，然而这些权利却被一代代国王

---

① 孟德斯鸠：《论法的精神》，下卷，许明龙译，商务印书馆2013年版，第742—747页。

② Boulainvilliers, *Memoire pour la noblesse de France, contre les ducs et pairs*, s.n., 1717, pp. 10-11.

③ Jean-François Jacouty, "Une contribution à la pensée aristocratique des Lumières: La Théorie des lois politiques de la Monarchie française de Pauline de Lézardière", *Revue Française d'Histoire des Idées Politiques*, No. 17, 1er semestre (2003), pp. 3-47.

④ 根据布兰维利耶的考证，卡佩是7月3日继位，而先王是6月22日驾崩，间隔之短，不可能召开全民会议选举国王。参见：Constant Leber (ed.), *Collection des meilleurs dissertations, notices et traités particuliers relatifs à l'histoire de France*, Tome 5, Paris: G. A. Dentu, 1838, p. 11.

剥夺殆尽。贵族派的目的非常清晰，即夺回并且捍卫被君主制侵蚀的贵族权利。

针对贵族派的观点，王权派同样通过历史叙述与之抗辩。王权派试图证明高卢地区原来就有承袭自罗马帝制绝对王权的政治传统，并未因法兰克人入主高卢地区而被破坏。换言之，他们认为，绝对王权是法国未曾中断的政治传统。为此，针对贵族派关于征服战争的历史叙述，王权派采取了两种话语策略：其一是否认法兰克人征服战争的真实性；其二是即便承认战争真实发生，也认为它并未影响高卢地区的原有传统。

最保守的王权派代表人物迪博教士认为征服战争完全是贵族的杜撰。他认为，日耳曼人因他们的骁勇善战得到罗马人的赏识与邀请，才来到高卢地区。他们接受了罗马皇帝的册封后，才得以名正言顺地统治高卢。[①]这便意味着法兰克人是通过和平方式入主高卢地区的，而且高卢地区原有的制度都被完整地保留下来，"甚至连剧场上演的剧目都与先前一样"。[②]在他看来，法国继承了罗马帝制，与法兰克人本身的传统毫无关系。王权派的另一位代表人物加尼耶认为，与高卢地区的罗马文明相比，法兰克人是落后野蛮的，而落后文明不可能取代先进文明，不管他们以什么方式入主高卢，都会被罗马文化同化。[③]

针对贵族派提出的"三月会议"、"五月会议"等政治议事会，丹尼尔神父认为古代的确有这样的机构，但同英国的议会完全不同，它们只为

---

① Jean-Baptiste Dubos, *Histoire critique de l'établissement de la monarchie françoise dans les Gaules*, Tome 2, Paris: Vve Ganeau, 1742, p. 615.

② Jean-Baptiste Dubos, *Histoire critique de l'établissement de la monarchie françoise dans les Gaules*, Tome 2, p. 480.

③ Jean Jacques Garnier, *Traité de l'origine du gouvernement françois, où l'on examine ce qui est resté en France, sous la première race de nos rois de la forme du gouvernement qui subsistoit dans les Gaules sous la domination romaine*, Paris: Vente, 1765, p. 4.

国王提供建议，而且也没有固定的召开时间。①在丹尼尔笔下，"三月会议"成了一个在战时才临时召开的军事会议（conseil de guerre），既非定制，也从不用于处理日常行政事务。②因而，这些设置并不对王权构成实质性的约束。王权派坚持认为，法国王权历来是绝对的，是国内一切权威的唯一来源，国王根本不需向臣民征求意见，也不需要依靠任何中间团体来管理国家，"国王是唯一真正管理政治领域的主角，他保障着社会、宗教和道德的秩序"。③

在王权派看来，既然法兰克人入主高卢这一历史事件对高卢地区原有的政治传统毫无影响，那么可以推导出当时并没有一个所谓"贵族等级"的存在。在御用史家莫罗有关早期行政体制的分析中，几乎看不到贵族这个词，在他笔下，法兰克人就是一群野蛮人，他们对罗马—高卢的政治文化无比景仰并且竞相模仿。④加尼耶说，这就好像鞑靼人虽然征服了中国，但最后也变成了中国人一样。⑤王权派认为，直到封建时代才出现等级，地方显贵篡夺并肢解了王权，割据一方，国王的权力遭到了削弱，权威瓦解与秩序混合则是必然结果。由此，在王权派眼中，绝对王权的出

---

① P. G. Daniel, "Des assemblées ou parlmens qui se tenaient sou les rois de la première race", in Constant Leber (ed.), *Collection des meilleurs dissertations, notices et traités particuliers relatifs à l'histoire de France*, Tome 6, p. 259.

② Jean Jacques Garnier, *Traité de l'origine du gouvernement françois, où l'on examine ce qui est resté en France, sous la première race de nos rois de la forme du gouvernement qui subsistoit dans les Gaules sous la domination romaine*, p. 232.

③ Chantal Grell, *L'histoire entre érudition et philosophie: étude sur la connaissance historique au siècle des Lumières*, Paris: PUF, 1993, p. 213.

④ Jacob-Nicolas, *Exposé historique des administrations populaires, aux plus anciennes époques de notre monarchie; dans lequel on fait connoître leurs rapports et avec la puissance royale et avec la liberté de la nation*, Paris: Briand, 1789.

⑤ Jean Jacques Garnier, *Traité de l'origine du gouvernement françois, où l'on examine ce qui est resté en France, sous la première race de nos rois de la forme du gouvernement qui subsistoit dans les Gaules sous la domination romaine*, p. 4.

现被视为法国得以摆脱骚乱、实现国家统一的主要因素；法国经历波折后，重新回到起源时代的政治制度。王权派为"纯粹君主制"（purement monarchique）①建立了一个连续的历史谱系，这意味着贵族疾呼的政治改革失去了必要性。正如王权派代表人物戈达宣称："如果一个国家的制度前后施行了12个世纪，那就不应该做任何改动。"②

受启蒙思想的影响，18世纪50年代前后，贵族派提倡的"日耳曼式"的自由占据了上风，因为它对远古自由的追求、对古老平等契约的赞美契合了当时大多数知识分子对于自由、平等理念的推崇。然而在对古代政治体制的追溯中，贵族的矛盾体现得淋漓尽致：一方面，复古的诉求中蕴含着与第三等级接近的自由追求；另一方面，贵族等级日益走向极端化的封闭的意识形态已为其日后成为革命的对象埋下伏笔。值得注意的是，贵族派对绝对王权的否定，并非彻底否定王权和君主制本身，而是试图将王权限制在实体组织监督之下，恢复被君主剥夺的政治权利，进而恢复法兰克原初的君主—贵族政体。换言之，就承认王权合法性和维护君主制这一点，贵族派与王权派并无二致。

二、历史论战的激进化

在论战的推动下，法国出现了研究古代历史的热潮。1715—1748年，涌现了30多部以墨洛温王朝为主题的史书。迪博的《法国君主制在高卢建

---

①　P. G. Daniel, *Histoire de France, depuis l'etabilissement de la monarchie francoise dans les Gaules*, Tome 2, Amsterdam et Leipzig: Chez Arkstee & Merkus, 1758, p. 167; P. G. Daniel, "Des assemblées ou parlmens qui se tenaient sou les rois de la première race", p. 257.

②　Ange Gouder, *L'Autorité des rois de France est indépendante de tout corps politique, elle étoit établie avant que les parlemens fussent créés*, Amsterdam: [s.n.], 1788, p. 73.

立之批判史》在不到10年间至少再版了5次。①18世纪中叶，历史撰述与现实政治之间的紧密关系体现得淋漓尽致。随着高等法院与王权冲突的日益剧烈，历史论战进一步激进化。

从"投石党运动"失败到18世纪中期"莫普改革"，虽然法国贵族公然反叛之事鲜有再现，但高等法院却演变为贵族挑战王权的主战场，穿袍贵族取代佩剑贵族成为王权的主要对抗者。国王屡次需要以"御临法院"的方式来强迫高等法院登记敕令。历史论战在此阶段也呈现出新的趋势，以高等法院法官与律师为代表的贵族派逐渐成为主角。这一群体深受启蒙运动影响，他们在为自身权力合法性寻找更为坚实可信的依据的过程中，不断推动历史叙述朝着激进化和理性化的方向发展。他们在观念和言论上更为开放，具备更为熟练的历史批判意识与政治论辩技艺。相较而言，王权派的论述日趋守势。一方面，绝对王权的神圣性不断削弱，这是世俗化所带来的必然结果，像博絮埃那样从神学角度为王权所做的辩护已随着路易十四统治的结束而退出历史舞台。另一方面，18世纪中叶以后法国王室疲于应对内政外交，难以维系昔日荣耀，这进一步摧毁了人们对绝对君主制的信任。当然，王权还是不乏支持者，比如"御用史官"莫罗、兰盖等人，但是与贵族派相比，他们的论述只是老调重弹。所以，穿袍贵族的历史写作是历史叙述激进化的主要推力。这一过程表现为前后相继的两个阶段，即因宗教问题衍生的"冉森党"（Parti janséniste）的抗议以及由"莫普改革"导致的"爱国党"的抗辩。从社会成分而言，这两派基本上都是穿袍贵族；在观点上，他们也都承袭此前贵族派的论述，不过其理据与论证有所不同，所针对的具体的时代问题也有差别。他们的论述，构成了历

---

① Franklin Ford, *Robe and Sword: The Regrouping of the French Aristocracy after Louis XIV*, New York: Harper & Row, 1965, p. 232.

史叙述激进化前后相继的两个关键环节。

宗教问题是高等法院与王权冲突的导火索。1713年，教宗克莱芒十一世颁布《乌尼詹尼图斯谕旨》，这与高等法院法官的冉森教信仰相抵触，导致高等法院与仰仗宫廷的"谕旨派"之间剑拔弩张。矛盾在18世纪中叶达到了白热化。1749年，巴黎主教博蒙意欲彻底根除冉森派的影响，宣布拒绝给"反谕旨派"教士做临终圣事，该事件被称为"拒圣事事件"。高等法院旋即反击，颁布禁令，规定神职人员不得拒绝给未能提供忏悔证（billet de confession）者做临终圣事。该禁令后为政府取缔。高等法院遂求助公共舆论，将谏诤书和相关法令刊印并公开售卖，于1753年5月向路易十五递交大谏诤书，恳请国王迫使博蒙放弃他的不宽容立场，却遭拒绝。众法官选择集体罢工，以示抗议。路易十五采取强硬立场，下令将众法官流放15个月。①

面对咄咄逼人的王权，被流放的法官联合地方同僚，形成了更紧密的反对群体，"所有这些人，开始用档案材料来研究公法，他们像学术院一样，展开讨论"。②这个群体，被称为"冉森党"，③他们不仅援引冉森派神学理论，抨击绝对王权，更热衷于收集有关公法史的档案资料。例

---

① 关于这一阶段的政治史，参见：John Rogister, *Louis XV and the Parlement of Paris, 1737-1774*, Cambridge; New York: Cambridge University Press, 1995; Julian Swann, *Politics and the Parlement of Paris under Louis XV, 1754-1774*, New York: Cambridge University Press, 1995; Jean Egret, *Louis XV et l'opposition parlementaire*, Paris: Armand Colin, 1970.

② 转引自：Keith Baker, "Memory and Practice: Politics and the Representation of the Past in Eighteenth-Century France", p. 33. 参见：John Rogister, "Le Président Durey de Meinières (1705–85) et l'étude des archives du Parlement de Paris", *Parliaments, Estates and Representation*, Vol. 32, No. 2 (November, 2012), pp. 89-110.

③ 有关冉森党的分析，参见：Dale Van Kley, *The Jansenists and the Expulsion of the Jesuits from France, 1757-1765*, New Haven: Yale University Press, 1975, Chapter 2；Catherine Maire, *De la cause de Dieu à la cause de la Nation: Le jansénisme au XVIIIᵉ siècle*, Paris: Gallimard, 1998, pp. 413-415.

如，巴黎高等法院的梅涅尔赫就搜集了2000余卷的手稿文书，其中关于巴黎高等法院的材料就有342卷，包括圣路易时代的文书。他把这些材料公开，为研究者提供了极大的便利。高等法院法官们的历史撰述构成了18世纪中叶有关古代政治体制论战的重要篇章。其中最具代表性的是勒佩日于1753—1754年出版的《论高等法院基本功能的历史通信》（下称《历史通信》）。

勒佩日出身律师家庭，受过良好教育，笃信冉森派，同情底层教士处境，积极投身政治和宗教事务，在冉森派中享有很高声望，被誉为"高等法院的喉舌"。[①]勒佩日与梅涅尔赫素有往来，常出入他的"私人图书馆"，而且他本人也极好搜集历史文书。[②]"拒圣事事件"发生后，勒佩日由于得到孔代亲王的庇护，免遭流放，得以有机会深入研究高等法院的历史并撰写《历史通信》。

《历史通信》重新梳理并阐释了法兰克时期的政治历史，构建了一套关于政治权力结构的新的阐释体系，将高等法院塑造为国民与公共权威的代言人，为其提供了更具威望的权力谱系和牢不可破的身份认同，由此贵族派的论述得以超越了先前狭隘的等级立场，而成为接纳国民的一种叙事方式。因而，《历史通信》的发表对于历史论战的未来发展趋向具有不容

---

① Catherine Maire, *De la cause de Dieu à la cause de la Nation: Le jansénisme au XVIIIe siècle*, p. 404. 相关研究参见：J. M. J Rogister, "Louis-Adrien Le Paige and the Attack on De l'esprit and the Encyclopédie in 1759", *The English Historical Review*, Vol. 92, No. 364 (Jul.,1977), pp. 522-539; Francesco Di Donato, "Constitutionnalisme et idéologie de robe: l'évolution de la théorie juridico-politique de Murard et Le Paige Chanlaire et Mably", *Annales. Histoire, Sciences Sociales*, 52e année, No. 4, 1997, pp. 821-852; Francesco Di Donato, *L'ideologia dei robins nella Francia dei Lumi: costituzionalismo e assolutismo nell'esperienza politico-istituzionale della magistratura di antico regime, 1715-1788*, Napoli: Edizioni scientifiche italiane, 2003.

② Keith Baker, "Memory and Practice: Politics and the Representation of the Past in Eighteenth-Century France", p. 34.

忽视的转折意义。

虽然在某些基本史实的勾勒上，勒佩日延续了布兰维里耶等佩剑贵族的观点，比如他认可征服战争及其所塑造的政治结构，[①]但是勒佩日强调，法国君主制有三个"根本性的"（essentiel）构成要素：君主、御前会议（cour du roi）和大议会（parlements généraux）。[②]君主掌握绝对权威，"融所有立法权和强制权于一身"。[③]御前会议由亲王以及进谏者构成，"根据王国的基本法"，君王必须与他们协商，确保臣民得享公正与正义的统治。此外，勒佩日认为，最初有全民大会，但随着法兰克人在高卢地区定居，召开类似的会议变得越来越不现实，于是就出现了替代机构，这便是大议会的起源。大议会乃是"保存王国所有法律和法则的地方，它有义务自主审查并负责颁布所有新法律，为国王提供重要的咨询与建议……必要的时候甚至可以抵制国王，钳制国王总想使用的绝对权力"。[④]

较之此前贵族派的论述，勒佩日最重要的修正表现在他认为法兰克人时代创立的明智的体制并没有消失，而是在高等法院身上得到了延续。他指出，在封建时代，御前会议与大议会的职权逐渐融合，1302年，两个机构合二为一，这便是巴黎高等法院。《历史通信》反复强调高等法院的历史"从未中断，可上溯到法国君主制的诞生之日，上溯到日耳曼时代。我们今天看到的高等法院，便是美男子菲利普时代的高等法院，就是圣路易时代的高等法院，就是菲利普·奥古斯都的高等法院"。[⑤]这同贵族派的

---

①　Le Paige, *Lettres historiques sur les fonctions essentielles du parlement*, Tome 1, Amsterdam: aux dépens de la Compagnie, 1753, p. 38.

②　Le Paige, *Lettres historiques sur les fonctions essentielles du parlement*, Tome 1, p. 151.

③　Le Paige, *Lettres historiques sur les fonctions essentielles du parlement*, Tome 1, p. 150.

④　Le Paige, *Lettres historiques sur les fonctions essentielles du parlement*, Tome 1, p. 151.

⑤　Le Paige, *Lettres historiques sur les fonctions essentielles du parlement*, Tome 1, p. 274.

论述完全不同，无论是布兰维里耶还是维尔托，贵族派认为，体现日耳曼自由的那套制度已完全消失在历史之中，他们的叙述无不充满了对昔日典章制度的缅怀与依恋。而勒佩日则相信，法国的历史没有发生过断裂，古代宪政的基本精神，或者说法国的基本法，在高等法院身上得到了完美的体现。只要确保高等法院的地位与职权，那么源自法兰克时期的那套完美的典章及其所体现的完美的君主制架构便可得到完整承继。

从表面上看，勒佩日与此前贵族派一样推崇古制，但其论述重点并不在于古制之久远，而是古制之原则至今依然通过高等法院得以呈现。更重要的是，勒佩日的历史叙述构建了一套与贵族派不同的政治体系。这套体系的本质，乃是国王、高等法院与国民之间具有不可更改的关系。这一政治体系意在凸显高等法院的地位，使其摆脱从属王权的身份，从而具备独立的历史传统与宪政地位。高等法院具有不可替代且不可侵犯的"居中地位"，是因为它联系了国王与国民，既可向国王提供咨询，也传达国民声音。[1]它的权力，并非来自国王，而是源自"自君主制诞生之日起就已存在的王国法律"。[2]从中可知，在勒佩日论述高等法院重要性的过程中，他用以证明高等法院合法性与权威性的一个重要来源便是高等法院代表着国民的声音，它是国王与国民的纽带。在《历史通信》中，以往的历史论战中从未被提及的"国民"悄然登场。

《历史通信》为贵族派反对王权派提供了全新且有力的叙述框架，赢得了贵族派的普遍接纳与支持。比如，图卢兹高等法院法官拉盖德的《高等法院基本职能》一书意在接续勒佩日的《历史通信》，为外省的高等

---

[1] Le Paige, *Lettres historiques sur les fonctions essentielles du parlement*, Tome 1, pp. 32-33.

[2] Le Paige, *Lettres historiques sur les fonctions essentielles du parlement*, Tome 1, p. 292.

法院"树碑立传"。[①]日后成为法兰西铭文与美文学院院士的西贝尔在其《法国君主制的演化》一书中提出，自法兰克时期起，立法首先要经议会的同意，这是法国政府的原则。与勒佩日类似，他认为高等法院是永恒的政治体，是法律的保管处。更需要注意的是，他认为通过表决进行立法的议会，不是特权等级垄断的，而是国民参与的，因为"国民尽管分为不同等级，但他们都是公民"。[②]

由此，《历史通信》不仅推进了历史论战，更重要的意义在于突破了狭隘的等级概念，拓展了历史的主体。一方面，勒佩日延续了用悠久历史来证明政治体制或者组织机构合法性、权威性的思路。高等法院被证明与王权具有同样悠久的传承。另一方面，在勒佩日笔下，已经隐隐出现了国民的形象。在论证高等法院具有限制王权的特权的过程中，勒佩日除了强调其历史不曾中断，更多次提及它是国民意愿的体现。因而，国民及其权威性首次出现在历史叙述中，成为权力秩序构建的基本要素。尽管此时国民还是一个被代表的且面容模糊的形象，但假以时日，"国民"一词几乎成了高等法院谏诤书的核心词。[③]因此，《历史通信》在一定程度上改变了贵族派的历史叙述，并为历史论战的转向埋下了伏笔，因为一旦高等法院与王权的关系进一步恶化，就不得不寻找比历史更为权威的话语资源。这种情况在"莫普改革"后便出现了。

1770—1771年，司法大臣莫普利用密札，解散巴黎高等法院，流放

---

① Michel Cantalauze, *Dissertation sur l'origine et les fonctions essentielles du Parlement sur la pairie et le droit des pairs; et sur les lois fondamentales de la monarchie française*, Amsterdam: aux dépens de la compagnie, 1764.

② 转引自Elie Carcassonne, *Montesquieu et le problème de la Constitution française au XVIIIᵉ siècle*, pp. 209-210, 212.

③ Roger Bickart, *Les parlements et la notion de souveraineté nationale au XVIIIᵉ siècle*, Paris: F. Alcan, 1932, pp. 45, 75; Keith Baker, "Representation redefined", p. 233.

150名法官，并对全国的司法体制进行了大刀阔斧的改革。"莫普改革"后，出现一个声援高等法院的"爱国党"（parti patriote）。这并非一个正式的组织，而是改革反对者聚集起来的松散群体，其成分相当复杂，既有亲王（如孔代）等大贵族，也有第三等级的文人，其中与高等法院休戚相关的法官、律师居多。[①]在政治立场上，爱国党未必都是贵族，但他们支持贵族，尤其支持高等法院。与冉森党相比，这股力量不仅人数更多，而且更自觉地利用出版物宣传自己的观点。爱国党深受启蒙思想影响，他们的言论中充斥着启蒙时代特有的话语，因而他们的历史撰述与此前大不相同，构成了历史论战激进化的关键环节。

此时，启蒙运动业已进入巅峰期，《百科全书》、《社会契约论》等巨著相继问世；来自英国的共和主义和政治自由主义思想通过各种渠道传入法国，如洛克的《政府论（下篇）》（1755）、休谟的《政治论文集》（1752）等。[②]政治功利主义、自然法思想也得到广泛传播，自然理性逐渐成为衡量政治制度的标准，政治契约与权利观念更深入人心。需要着重指出的是，高等法院的法官实际上是启蒙运动的重要参与者。他们不仅热衷于阅读启蒙哲人的专著，也积极订阅《百科全书》。史家布鲁什在分析了当时29名法官的藏书情况之后发现，他们中的大多数拥有孟德斯鸠、伏尔泰或卢梭等人的著作。[③]此外，像达盖索、拉里维埃、马尔泽尔布等高等法院的法官或推事，本身就是启蒙运动的一分子，或与启蒙哲人往来

---

① 关于爱国党的社会成分，埃切维里亚认为比较难以界定，参见：Durand Echeverria, *The Maupeou Revolution. A Study in the History of Libertarianism, France, 1770-1774*, Baton Rouge: Louisiana State University Press, 1985, p. 38.

② 参见：Charles Rochedieu, *Bibliography of French Translations of English Works*, Chicago: University of Chicago Press, 1948.

③ 参见庞冠群:《十八世纪法国的高等法院与启蒙运动》,《历史教学》2010年第4期。

密切。达盖索是当时著名的公法学家，也是道德学家；拉里维埃是重农学派的代表人物；而马尔泽尔布则与狄德罗、达朗贝、伏尔泰和卢梭等人有密切交往，并协助《百科全书》出版。这些史实表明，以高等法院为据点的穿袍贵族虽然在政治上较为保守，但并不意味着他们就隔绝于启蒙运动，或者反对启蒙运动。当然，他们接受启蒙思想，绝不是要反对王权或颠覆王权。贵族如何接受启蒙思想，这自然是一个十分复杂的问题，但就本文所涉及的主题而言，启蒙观念明显改变了贵族对历史和传统的理解。在爱国党的相关论述中，我们就能看到那种将传统视为合理、将历史视为合法性基础的理解逐步淡出了历史书写。启蒙运动的影响，也恰好与贵族派历史叙述的内在需求吻合。当勒佩日把高等法院提升到与君主制"同根同源"的地位时，这意味着强调久远历史带来权威性的策略已发挥到了极致。然而，莫普轻易解散高等法院、流放法官的举动清楚表明，这一叙述策略在实际政治斗争中已然失效。因而，爱国党的历史书写只能从启蒙和理性的角度寻找新的、更有力的话语资源。

"爱国党"的历史著述中，最有影响力也最具煽动性的是塞日于1775年出版的《公民教义问答》。塞日是波尔多高等法院的年轻法官，出身于富商家庭。直接叙述其个人详细情况的资料很少，只知他熟读启蒙哲人的作品，经常出入当地的文人俱乐部，对当时通过地下渠道流入法国的古典共和主义作品兴趣浓厚，尤其信奉卢梭的思想。《公民教义问答》清晰地体现了《论法的精神》、《社会契约论》等一系列启蒙名著的痕迹。塞日将这些启蒙的理性思想贯穿于历史论证中，借着颂扬国民基本权利，从公意的角度重新撰写法国历史，从而将历史叙述提升到了抽象理性的高度。

《公民教义问答》采用问答体分析古代政治体制的历史与基本原则。全书开篇即体现鲜明的卢梭主义色彩——契约与公意被视为政体的基本原则。塞日提出，一切政治社会皆因原始契约（contrat primitif）而成立，所谓原始契约，即社会团体与其每位成员签订的一种公约（convention）。[①] 政治社会的目的是要保护成员的共同福祉。[②]接着，塞日又提到了公意，他说公意即"就一公共问题，所有社会成员明确表达的共同意愿"。[③]

《公民教义问答》的独到之处在于将上述公意原则视为历史哲学，从而将古代政治史的叙述提升到抽象的理论高度。作者认为，历史传承的政治制度体现了公意，这是法国基本法的本质内涵。起源于法兰克时期的政治制度经历了起伏跌宕的发展历程，在征服战争后陷入低谷，后虽经查理曼恢复，但封建社会的出现又使其名存实亡，最终因三级会议的出现和制度化才得以重新延续。因此，真正代表立法权的是三级会议，这个由全体国民参与的立法机构无须得到国王的委托与授权。[④]国王与高等法院则履行行政权，后者"有如元老院，其传统与君主制一样古老"。[⑤]在塞日看来，这套古制之所以具有不可撼动的权威性，不仅因为它与王国同根共源，更因为它本身是公意的体现，得到了公意授权。三级会议传达的是公意，高等法院与王权则是公意的具体落实与实践，因此制度的合法性来自公意的授权。塞日承袭了勒佩日的观点，认为高等法院与君主制一样古老，但他更进一步把公意推至历史的核心位置，提出是公意赋予历史合

---

① Saige, *Catéchisme du citoyen, ou Eléments du droit public française, par demandes et par réponse*, Geneve: 1788, pp. 1, 60.

② Saige, *Catéchisme du citoyen, ou Eléments du droit public française, par demandes et par réponse*, pp. 2-3.

③ Saige, *Catéchisme du citoyen, ou Eléments du droit public française, par demandes et par réponse*, p. 4.

④ Saige, *Catéchisme du citoyen, ou Eléments du droit public française, par demandes et par réponse*, p. 15.

⑤ Saige, *Catéchisme du citoyen, ou Eléments du droit public française, par demandes et par réponse*, pp. 29, 36.

法性。

　　塞日也为贵族特权辩护，他的论证别出心裁。此前贵族派多认为贵族的特权来源于法兰克人的征服战争，贵族是征服者的后裔，而特权正是征服者的权利。但塞日并不赞同，因为这种排外性的历史叙述无法与包容性的公意原则兼容。他改换了角度，认为特权实际上是随着公意原则的不断衰败才出现的。在封建时代，某些显贵滥用权力，导致政体败坏、纲纪废弛，为矫正时弊，贵族经国民的同意才享有了权利。换言之，也正是因为得到公意的授权，贵族以及高等法院才真正成为"政治制度的一部分"。①

　　事实上，在历史层面，《公民教义问答》创见不多，仅仅整合了先前的贵族派与勒佩日的不同论述。实际上塞日本人对历史与档案的兴趣也远不及勒佩日，但是，将公意与历史和制度融合却具有颠覆性。"莫普改革"之后的"爱国党"意在寻找一套更强有力的话语来抨击改革，但无论是贵族派的中间团体理论，还是历史传统，都颇显无力。因为改革和对整个司法体系的重组，表明高等法院与王权之间并不像勒佩日等人说的那样是俱荣俱损的关系。传统也不是不可颠覆的。公意与历史的结合便是在这一背景下出现的。塞日不仅为高等法院以及贵族权利铺垫了更加牢固的基础，更重要的是，他由此将"莫普改革"塑造为专制行为与国民主权意志之间的斗争。在《公民教义问答》中，"专制"似乎是仅次于"公意"的

---

　　① Saige, *Catéchisme du citoyen, ou Eléments du droit public française, par demandes et par réponse*, p. 65.

核心词。①所以，莫普之罪不是背弃历史传统，而是背叛了国民的意愿，他所犯的是"叛国罪"。②

塞日的观点，实则为爱国党激进话语的具体呈现。当时，公意、契约等类似的表述充斥于爱国党的其他出版物。比如，1771年贝桑松高等法院谏诤书写道：一切社会秩序根本上与专断之举格格不入，因为秩序本质上就是原初公约的结果。③南希高级法院的文件写道：永恒的基本法，乃成形于三级会议，得到臣民与君王的同意。④梅伊和莫尔特罗这两位自18世纪中叶就十分活跃的文人，此时出版了《法国公法原理》这部巨作，他们从历代法律文献中总结并区分了两类基本法律：一类是自然法，适用于所有的君主制，体现着普遍的正义；另一类是人定法或实在法，界定君王与臣民的关系，这些法律只有得到民众的同意才有效力。⑤该书的章名就已鲜明地体现出作者的观点，如"第三章：在任何秩序井然的王国，税收始终只有经民族同意后方能设立"。⑥

《公民教义问答》将18世纪有关古代政治的论战推向了新的高度。塞

---

① "专制"在《公民教义问答》前后出现了大约24次（Saige, *Catéchisme du citoyen, ou Eléments du droit public française, par demandes et par réponse*, pp. 14, 18, 22, 27, 38, 54, 57, 63, 65, 74, 79, 83, 84, 92, 93, 94, 99, 106, 114, 120, 123, 136），意思是用个人或数人的意愿取代公意的做法（Saige, *Catéchisme du citoyen, ou Eléments du droit public française, par demandes et par réponse*, p. 63）。

② Keith Baker, "A Classical Republican in Eighteenth-Century Bordeaux: Guillaume-Joseph Saige", p. 144.

③ Roger Bickart, *Les parlements et la notion de souveraineté nationale au XVIIIe siècle*, Paris: F. Alcan, 1932, p. 59.

④ Roger Bickart, *Les parlements et la notion de souveraineté nationale au XVIIIe siècle*, pp. 45-46.

⑤ Elie Carcassonne, *Montesquieu et le problème de la Constitution française au XVIIIe siècle*, p. 431.

⑥ Claude Mey, *Maximes du droit public François: tirées des capitulaires, des ordonnances du royaume et des autres monuments de l'histoire de France*, Tome 1, Amsterdam: M.-M. Rey, 1775, p. 136.

日本意是通过融合公意与历史为高等法院寻找更坚实的基础，"唯有创立高等法院的那种权力才可以废除高等法院"。[①]但是，他的历史叙述却根本上改变了这场论战的基调，不仅使之朝着非历史甚至否弃历史的方向迈进，而且也为取缔高等法院和特权体制埋下了伏笔。在塞日的论述中，历史的权威性不在其本身，而在于它乃是公意的表达，历史不过是公意的表象呈现。既然公意有权建立制度，那么自然也就可以更改甚至废除体制。因此，历史本身所具备的稳定性与延续性，被公意所蕴含的或然性甚至是革命性所取代了。公意有权改写历史，这为第三等级彻底抛弃历史、颠覆一切制度的激进政治话语做了铺垫。

三、论战终结与历史否弃

18世纪中叶论战基调的转折，使得"国民"、"契约"、"理性"、"公意"等术语成为叙述古代政治体制的关键词。类似的迹象，在王权派的论述中也有体现。比如莫罗为路易十六（当时尚为王储）撰写的《道德、政治与公法教本》强调，法国的君主制承袭的是罗马制度的理性、人道与良法，绝对王权的发展是政治理性与公共秩序不断完善的过程。[②]此外，莫罗提出混乱时期皆由王权不强大导致，而唯有绝对王权才能保证自由与财产。绝对王权有别于专制，因为其统治依照的是以自然法为基础的公法体系。[③]实际上，这是18世纪后半叶王权派一以贯之的论调。他们一方面渲染"乱世"，以突显绝对王权治平乱世、消除割据的历史功绩，

---

① Saige, *Catéchisme du citoyen, ou Eléments du droit public française, par demandes et par réponse*, p. 87. "那种权力"指的是国民的公意。

② Baker, "Political Representations of the Past", pp. 50-54.

③ Jacob-Nicolas Moreau, *Leçons de Morale, de politique et de droit public*, Versailles: De l'imprimerie du Département des affaires étrangères, 1773, pp. 106, 139-148.

另一方面将绝对君主视为自然法的代言人，推崇开明专制。绝对王权的拥护者兰盖所著《统治科学》和《论社会中的民法和根本原则的理论》等著述都体现了类似的观点。[①]但是，王权派的叙述随着绝对王权不断失去神圣光环而日渐衰退。在这一方面，启蒙思想家马布里的转变颇具代表性。穿袍贵族出身的马布里先是支持王权派，但后来既反对贵族派，也反对王权派。其后期论著的核心是否定历史。这种否定对第三等级尤有吸引力。因为第三等级发现，在王权派和贵族派的历史叙述中，第三等级都无立锥之地，所以他们接续了马布里的观点，从对历史的否定推演出对理性的崇尚。

马布里早期代表作《罗马与法国的比照》（1740年）将罗马视为法国君主制的源头。[②]但18世纪中叶以后，随着法国外交失利，内乱四起，马布里逐渐对君主制失去了信心，继而在"莫普改革"之后采取了与爱国党完全不同的立场，陷入了极度悲观之中。他的《法国历史观察》便表达了这种悲观。他认为高等法院和贵族那种自命不凡的特权与历史合法性完全经不起考验。他将法国历史看成是一部无序、混乱、等级欺压等级的历史。马布里从而转变为一名批判现实的启蒙哲人，信奉古典共和主义，对社会不平等以及私有财产持否定态度。这与其挚友卢梭的立场十分接近。马布里此前认为古典历史应当成为政治教育的基础，但是18世纪中叶以后他越来越相信，除非从自然法以及道德哲学的角度考察历史，否则历史本身是琐碎的，无法提供任何教义。[③]

---

① 相关分析参见：Elie Carcassonne, *Montesquieu et le problème de la Constitution française au XVIIIe siècle*, pp. 306-320.

② Gabriel de Mably, *Parallèle des romains et des francais*, 2 Tomes, Paris: Didot, 1740.

③ Mably, "De l'étude de la politique", in *Collection complète des œuvres de l'Abbé de Mably*, Tome 12, Paris: De l'imprimerie de Ch. Desbriere, 1795, p. 128; Mably, "De l'étude de l'histoire", in *Collection complète des œuvres de l'Abbé de Mably*, Tome 12, p. 23.

　　《法国历史观察》（下称《观察》）是马布里后期最重要的作品之一，全书共三卷，前两卷于1765年出版，第三卷是在"莫普改革"之后完成。从整体上来看，《观察》一书的矛头既指向王权派，也对准了贵族派。马布里对法国历史的综述与莫罗类似，即浓墨重彩地烘托历史的无序与动荡，不过其目的并非证明君主制的历史功劳，而是否定历史本身的意义与价值。此外，他也抨击贵族派，尤以勒佩日为靶子。他写道："请原谅我花了这么长的篇幅来驳斥勒佩日的《历史通信》，不过这是必要的，因为该书表明了高等法院编造的全部的教义。"[①]在马布里看来，"莫普改革"不仅证明高等法院根本不具备勒佩日等人所赋予的权威与尊严，而且揭示了这样一个真理，即任何专制的同谋必将覆灭。[②]对此观点，高等法院的法官多持否定态度，然而他们的否定与抨击并没有造成更深远的影响。因为之后不久，随着路易十六宣布召开三级会议，巴黎高等法院以拥护特权的姿态宣称，必须依照1615年三级会议的传统，按等级计票（即每个等级只算一票），这使得高等法院沦为舆论抨击的主要对象，爱国党也丧失了舆论支持。

　　《观察》以公意为原则，但得出了与塞日截然相悖的结论。首先，马布里断言，历史谱系代表不了合法性，古老并非合理合法的同义词。"没有人会无知到把国家的第一部法律就当成是基本法。"[③]这是因为他相信，政治制度或所谓的基本法，不是历史自然形成的，而是由立法者确立的，人民应该是唯一的立法者。换言之，任何制度都应当是明确得到公意授权的政治契约。这是在马布里此前所撰《公民的权利与义务》（1758）

　　① Mably, "Observations sur l'histoire", in *Collection complète des œuvres de l'Abbé de Mably*, Tome 3, p. 357.

　　② Mably, "Observations sur l'histoire", p. 425.

　　③ Mably, "Observations sur l'histoire", pp. 124-125.

这部政治策论中表达的思想，而《观察》将此原则运用于历史研究。[①]因此，历史叙述不是简单地追溯制度的历史系谱，而是要找到立法者参与立法的时刻。马布里认为，在法国历史上，人民从未参与过立法，他们的意愿也从未得到过表达，更谈不上贯彻执行。换言之，公意在历史上从未得到过表达，历史不是公意的历史，历史根本不具备任何积极的教义。

在马布里看来，法兰克人在入主高卢地区之前原本有一套古朴的民主制度，但在征服战争之后，这套制度就渐趋衰落，尽管起初政府还能体现共和精神，但权力逐渐被少数王公贵族所垄断，日耳曼精神衰落。[②]此后，即便是查理曼这样的明君也无法阻挡制度败坏，"祖先从日耳曼带来的古代政府原则"始终无法恢复。[③]法兰克人最后成为封闭的种姓，而原住民高卢—罗马人则成为奴隶。法国进入了"可怕无序的封建时代"。[④]马布里从古典共和主义的角度给出了诊断：法国历史呈现不可阻挡的倒退趋势，这不以个人意志为转移，而与社会和民情变化有关。他指出，自征服战争后，对权力和财富的贪欲败坏了德性，社会出现了阶层分化，贫富差距不断加大，私有财产最终侵蚀了民主精神。

因此，马布里的历史叙述，不是向世人提供一套可资借鉴的古代基本法，而是表明由于公意从未实现，所以法国从未形成稳定的制度，历史所展现的"总是无谓的尝试，却从来没有稳定的政策，没有持之以恒的利益，没有确定的习惯或风俗，因此，我们的历史总在讲述接连不断的革命；总被事件和激情肆意地支配，我们自己也习惯于没有法律的状

[①] 马布里说："只要人民愿意，新的基本法便可以取代被废除的旧基本法的位置。"参见：Mably, "Des droits et des devoirs du citoyen," in *Collection complète des œuvres de l'Abbé de Mably*, Tome 11, pp. 341-342.

[②] Mably, "Observations sur l'histoire", pp. 153-168.

[③] Mably, "Observations sur l'histoire", p. 249.

[④] Mably, "Observations sur l'histoire", p. 289.

况"。①"革命"是《观察》一书的关键词，需要注意的是，当时的"革命"意指接连不断且周而复始的变化与动荡。②因而，马布里笔下的法国历史始终混乱无序，充斥着悲剧色彩，而且带有一种宿命论的味道。法国的历史不是进步的，不是理性逐渐占据统治的过程，而是一种厄运不断循环的叙事，是"古代政府的原则不断被抛弃、被遗忘的过程"，③是自由的不断沦丧。

马布里对法国历史的认知和描述，已经与前述历史论战的基调截然不同。首先，他改变了对历史功用的理解。王权派和贵族派尽管在具体叙事方面差别很大，但他们都希望从历史，尤其是从国家政治制度的起源历史中寻找政治诉求的依据。换言之，尽管再现历史的方式不同，但是对他们来说，历史就是集体记忆，是政治认同的基础，是能够为现实提供积极教义的资源库。④而在马布里的叙事中，历史无法给未来提供行动指南，它只是一部反面教材。即便历史能为后人提供经验，那么也只能是这样一种教训：要想摆脱历史悲剧，就得彻底抛弃历史本身。

其次，马布里也改变了对于过去与现在之间关系的理解。王权派与贵族派实际上都希望通过厘清过往来理解现实，都希望从历史的尘埃中找到一套或许能为当下提供借鉴意义的古老制度。对此，马布里予以彻底否认。在他笔下，历史既然完全无法提供积极价值，那也就没有复活的意

①　Mably, "Observations sur l'histoire", pp. 300-301.

②　Keith Baker, "A Script for a French Revolution: The Political Consciousness of the abbé Mably", p. 46; Johnson Kent Wright, *A Classical Republican in Eighteenth-Century France: The Political Thought of Mably*, p. 143.

③　Mably, "Des droits et des devoirs du citoyen", in *Collection complète des œuvres de l'Abbé de Mably*, Tome 11, p. 412.

④　关于这一点，参见：Keith Baker, "Memory and Practice: Politics and the Representation of the Past in Eighteenth-Century France", pp. 31-58。

义，对待它的唯一方式，就是完全否定与抛弃。[①]任何怀旧的或是悼念过去的历史写作都是没有现实意义的。而且，马布里还在过去和现在之间画上了明确的界限。因国民的公意无法表达，基本法无从确立，过去是悲剧的循环。因此，只有在确立了公意、明确了基本法之后，法国的未来才可能走出过去悲剧的重复，展现一个全新的开始。由此观之，马布里实际上是用历史本身证明了对历史的否定，证明了激进决裂的必要性，从而在废弃历史的激进主义道路上迈出了关键一步。

此后，虽然论战还在继续，古代政治体制依旧吸引众人关注，但是它们的意义已然完全改变。就像马布里所说，虽然遥远的过去如此美好，但是能够重建过去的机会已经消失，因为"光明来得太迟了，当它到来时，古老的风俗已被腐蚀殆尽"。[②]换言之，讨论历史，目的是证明抛弃历史的必要。对于第三等级而言，这一点尤为重要，因为他们发现回溯整部法国历史，都没有为第三等级寻求话语权提供任何有力的支撑，即使在起源之初，或许曾经存在过所有人的平等，但那样缥缈虚无的证据对于第三等级试图改变其当下境况的努力无济于事。如果历史无法提供支持，那么第三等级要从哪里去寻找其权力的正当性呢？前文提到的卢梭、霍尔巴赫等启蒙哲人提出的"自然"、"公意"、"主权在民"等理性话语恰好为他们提供了坚实的理论基础。

---

① Keith Baker, "A Script for a French Revolution: The Political Consciousness of the abbé Mably", p. 98; Jacques de Saint-Victor, *Les racines de la liberté: le débat français oublié, 1689-1789*, pp. 195-197.

② François Furet et Mona Ozouf, "Deux légitimations historiques de la société française au XVIIIᵉ siècle: Mably et Boulainvilliers", *Annales. Économies, Sociétés, Civilisations*, 34ᵉ Année, No. 3 (May-Jun., 1979), pp. 438 - 450.

大革命前夕，《观察》再版，并被广为征引。①它对第三等级而言有着特别的吸引力，因为它证明了所谓古典政体毫无历史合法性依据，因而被誉为"法国人的教义问答"、"国民的法典"。②不久，比马布里观点更为激进的小册子开始出现。这些小册子的作者多为当时的小知识分子、记者或文学作者。在大革命爆发之际，他们关于民族历史的观点集中体现了当时第三等级最迫切的要求。有位名叫瑟茹迪的作者指出，"法国公法"这个说法是没有道理的，因为不存在法国公法，现实中的公法实际上是古罗马公法、伦巴第公法、勃艮第公法以及萨利克公法的大杂烩。③王国的公法从未定制，制度与法规也不过是政府心血来潮的权宜之策。教士时而宣称自己依赖于王权，时而宣称自己依赖于教宗，他们的特权到底是什么？贵族的权利又是什么？他们时而觉得自己武器在手，可以要求自己的权利，时而又把国王拥戴为绝对君王？④在瑟茹迪看来，法国历史记载的不过是统治阶级内部的权力游戏，这样的历史与政治又怎么具备古为今用的价值呢？一位名叫德朗迪纳的教士在详细研究了各届三级会议的历史后，发现实际上关于会议的形式与权力从来没有过明确的规定，每届三级会议的具体构成差别很大，各等级代表的人数也从没有定制。他宣称，从法国代议制的历史中所能得到的最主要的教训就是"我们缺少一部真正

---

① Johnson Kent Wright, *A Classical Republican in Eighteenth-Century France: The Political Thought of Mably*, p. 6.

② Jean Paul Rabaut Saint-Etienne, *Précis historique de la Révolution française*, Paris: Treuttel et Würtz, 1809, p. 91.

③ Joseph-Antoine-Joachim Cérutti, *Vues générales sur la constitution française, ou exposé des droits de homme dans l'ordre naturel, social et monarchique*, Paris: Desenne, 1789, p. 17; Elie Carcassonne, *Montesquieu et le problème de la Constitution française au XVIIIe siècle*, p. 617.

④ 参见：Anne-Louise-Germaine de Staël, *Considérations sur les principaux événements de la Révolution française*, Tome 1, Paris: Delaunay, 1818, 第1部分第11章 "革命前法国是否有宪法"。（Y avait-il une constitution en France avant la Révolution?）

的、基本的且不可撼动的政体"。德朗迪纳最后呼吁，诉诸历史，不如用一种更理性的方式来组织未来的三级会议。[1]

无论是王权派还是贵族派，他们无不以历史先例的神圣性来捍卫各自团体的利益。因而，对第三等级而言，回应此种言论最有效的策略便是抨击历史与古代政体的虚妄。在第三等级看来，法兰西历史记载的是偏见和私利，所以，它应被搬下神坛，接受审判。历史的论战最终脱离了贵族派与权政派的掌控，成为第三等级向旧制度宣战的重要武器。参与起草《人权宣言》的三级会议代表圣－艾蒂安宣称："历史不是我们的法典。"瑟茹迪在《法国人回忆录》中呼喊："我们需要的不是法国的档案，而是法国的解放。"文学家德默尼尔质问道："我们的先辈所做的一切，对我们来说有什么意义？"[2]米拉波更激进地提出：要把法国所有的博物馆一把火烧掉，因为唯一应当遵循的法律就是理性。"[3]

西耶斯神父最为激进和彻底。他的《论特权·什么是第三等级》无疑是大革命时期最著名的战斗檄文。在西耶斯看来，有关古典政治的论战

---

① Antoine-François Delandien, *Des Etats-généraux, ou Histoire des assemblées nationales en France, des personnes qui les ont composées, de leur forme, de leur influence, & des objets qui y ont été particulièrement traités*, Paris: Cuchet, 1788, pp. xiv-xxi. 德朗迪纳发现只有1369年的三级会议上第三等级代表人数是加倍的；1484年三级会议上是不分等级商议。

② Jean Paul Rabaut Saint-Étienne, *Considérations sur les intérêts du tiers-état: Adressées au peuple des provinces*, (S. l.), p. 13; Joseph-Antoine Cérutti, *Mémoire pour le peuple français*, s.n., 1788, p. 37; Jean-Nicolas Demeunier, *Des conditions nécessaires à la légalité des Etats généraux*, s.n., 1788, p. 9. 转引自：Dale K. Van Kley, "New Wine in Old Wineskins: Continuity and Rupture in the Pamphlet Debate of the French Prerevolution, 1787-1789", *French Historical Studies*, Vol. 17, No. 2 (Autumn, 1991), p. 462.

③ Mirabeau, *Lettres du comte de Mirabeau à un des amis en Allemagne, écrites Durant les années 1786, 1787, 1788, 1789 et 1790*, S. l. n. d., p. 433, 1788年11月8日信。转引自：Elie Carcassonne, *Montesquieu et le problème de la Constitution française au XVIIIᵉ siècle*, pp. 617-618, note 8.

对解决当前问题毫无裨益，因为这只会导致人们"沉迷荒谬的封建制度的无耻场景，沉迷于时代的残酷制度，从而助长专制主义的蔓延"。[①]他同米拉波一样，强调人民的真正历史只存在于理性之中，从其他地方去寻找可靠的历史托管人是徒劳无益的。西耶斯所谓的理性标准是一种以劳动分工为基础的政治经济学理论。根据这套原则，他提出了全新的国家构建原则。这可以从功能条件和形式条件两个方面加以阐释。从功能的角度来看，国家是一个生命体，生存是其基本需求。从形式角度而言，国家乃是生活在同一部法律之下，并由同一个立法机构代表的共同体。[②]换言之，国家首先是一种法律意义上的存在，前提是拥有一个立法机构和得以普遍适用的法律。

西耶斯深受卢梭思想和重农学派理论的影响。他对于国家的界定彻底否认了从起源时代寻求合理政治结构和权力关系的尝试。他认为，不是历史决定了国家存在，共同体可以有历史，但如果没有完善的法律形式，就不一定成为国家。正是在这个意义上，西耶斯认为尽管法国历史悠久，但算不上一个国家。林林总总的特权意味着法国没有普通法，团体实际上是国中之国。[③]西耶斯运用理性的原则，废除了历史的合法性，实际上也取消了贵族论派一直以来为其自身权利所做的申辩。由此，西耶斯得出一个激进的观点：国家的存在必先废除特权。从另一方面来看，国家的功能条件已经满足了，因为第三等级便能承担满足国家存续之需的生产与交换的工作。因而，根据这项经济学原则，第三等级可以独自组建国家，但这个国家仍不具备法律这一形式要素。因此，西耶斯得出其思想的第二个激进

---

① Sieyès, *Vues sur les moyens d'exécution dont les représentants de la France pourront disposer en 1789*, s.n., 1789, pp. 37-38.

② 西耶斯：《论特权·第三等级是什么》，冯棠译，商务印书馆1990年版。

③ 西耶斯：《论特权·第三等级是什么》，第23页。

观点，即呼吁第三等级这个现在"什么也不是"的群体组建立法机构，制定普通法以谋求地位。

西耶斯强烈反对从故纸堆中寻找所谓的"美好世界"、"和谐的权力结构"，他说："我要不遗余力地控诉和谴责这样一群作家：他们总是在过去追求我们未来的理想，总是在由荒谬与谎言编织而成的可鄙传统当中，寻找再生公共秩序的法律。"在其看来，即便要诉诸历史，那也应当诉诸经过理性检验的历史，"真正的人民档案馆……存在理性之中，而不应当在别处寻找忠实可靠的历史托管人"。① 西耶斯用理性的标准取代了历史，否定了古代政体的价值，从而改变了过去、现在与未来三者之间的关系。

在之前的历史论辩中，现实是一个由征服战争所塑造的合理政体模式被遗弃或被搅乱的时刻。对贵族论派而言，胜利和鲜血所塑造的政治身份因王权的膨胀而遭到扭曲。对王权论派而言，源自罗马帝国的绝对王权被封建时代的裂土分封所破坏。两派都赞成救治时弊的办法就是唤醒古典政体，以摆脱不堪的现实。因而，他们眼中的未来是向过去的开放。这也符合"变革"（révolution）一词的古义：周而复始的运动。但是，根据西耶斯的分析，现在则成了一个充满希望、孕育未来的时刻，是第三等级在刹那间成就自己、展现自己，并塑造国家的时刻。过去不再是未来的尺度，相反，现在反而是清算过去、审判历史的时刻。征服战争与起源时代都应该被抛弃、被遗忘。因为在他看来，唯有彻底抛弃过去，才能建立真正的国家。西耶斯在马布里的基础上，更激进地提出塑造未来的唯一途径就是与过去彻底决裂。

在这个意义上，西耶斯终结了18世纪关于古代政治体制的论战，并奠

---

① 转引自乐启良：《西耶斯的制宪权理论研究》，《法学家》2016年第1期。

定了革命的激进主义：

> 　　第三等级不应当害怕追溯往昔。他们将回溯到征服以前的年代；而且，既然他们今天已相当强大，不会再被征服，他们的反抗无疑将更为有效。第三等级为什么不把那些继续狂妄地自诩为征服者种族的后裔并承继了先人权利的所有家族，一律送回法兰克人居住的森林中去呢？我想，经过这番清洗的民族必将感到自慰，因为他们自信这个民族此后仅由高卢人和罗马人的后裔所组成。①

　　关于古代政治体制的大争论，是在法国王室的权威性于整个18世纪呈现下滑趋势，启蒙思想召唤理性、公意和自由，知识界对于政体的诸多弊病深感困惑的多重背景下的产物。虽然许多参与者的初衷是从遥远的古代寻求解决当下困境的途径，但是，在历史论战发展演变的过程中，它必然与逐渐向整个思想界蔓延的启蒙思潮中的理性话语正面相遇，如果过往的历史不能为人们提供参照或指南，那么，只能采用理性的话语，而将历史彻底抛弃。换言之，必须"从社会秩序传统原则的反面借来它的终极目标……由此构成了一种与过去彻底决裂的意识形态"。②这种与过去决裂的意识形态，就是法国大革命最鲜明的特征。

余论

　　"每当一个社会发现自己处在危机之中，就会本能地转眼回顾它的起源并从那里寻找症结。"③这正是古代政治体制在18世纪的法国会成为

---

①　西耶斯：《论特权·第三等级是什么》，第24页。

②　孚雷：《思考法国大革命》，孟明译，生活·读书·新知三联书店2005年版，第38页。

③　转引自哈罗德·帕尔曼：《法律与革命：西方法律传统的形成》，贺卫方等译，法律出版社2008年版，第1卷，第546页。

焦点问题的根源。由于经济的发展、启蒙思想的冲击、层出不穷的国际问题以及国家内部结构的变化，法国人对当时社会结构的认同不断遭到侵蚀。有关古代体制问题的争执本质上体现的是有关权力合法性的分析。贵族派作为新的叙事主体在17世纪末至18世纪初逐渐成熟，并与王权派分庭抗礼。他们书写国家与民族历史，对抗王权派的叙事，强调贵族权利的历史合法性，以证明他们今天的诉求是合理的。而这两派尽管叙事主体不同，但都是通过颂扬历史，将自身与法兰克时期的古典政体连接，争相表明自己才是历史传统的继承者。历史的话语发挥着福柯所谓的"谱系学的功能"，用过去的荣耀来担保权力在今天的价值，连续性即是合法性的基础。[①]第三等级的登台颠覆了这种构建谱系学的尝试。就像福柯所言，他们是历史的"他者"，因而需要用另一套完全不同的叙事来建构他们的认同。这套叙事不再承认历史合法性的不言自明，而是以理性为依据，强调断裂而非延续才具有正当性。至此，持续近一个世纪的历史论战走向了非历史的理性主义的道路。

1789年的《人权与公民权宣言》写道：人生来就是而且始终是自由的，在权利方面一律平等（第一条）；一切社会，凡权利无保障或分权未确立，均无丝毫宪法之可言（第十六条）。这两项条款清晰地表明了历史已经彻底退出政治话语。大革命时期崇尚的是古希腊与古罗马的古典主义，而与本民族相关的一切历史都被列入了清洗的行列。随着君王雕像的倒塌与街道名字的更换，一切与君主制相关的记忆都被抹去。"理性焚毁了表明一个等级的虚荣的无数卷册，其他残余还留在各公私图书馆里。它

---

① 福柯：《必须保卫社会》，钱翰译，上海人民出版社2010年版，第49页。

们必须一起毁灭。"（孔多塞语）[1]革命不仅要塑造全新的法国，还要塑造新人，要创造一个全新的世界。这种与过去决裂的心态与实践表现在日常生活与政治生活的方方面面。这是一个忙于创造历史而无暇撰写历史的时期。

19世纪初，浪漫主义史家意在为民族谱写历史，重新唤起了对法兰克时期的热议。此时，关于古代历史的讨论不再聚焦于政治制度与权力结构，而向更广泛纵深的范围扩展。基佐与梯也尔致力于"再度连接时间与思想之链"，在日耳曼精神中寻找古老的自由。[2]他们并不否认自由来自征服者，但是他们强调法国历史不等于王朝史或贵族的历史，而应当是整个民族的历史。[3]构成民族的核心力量是第三等级，正如梯也尔所宣称的："我们是这些农奴与平民的后代……平民也有他自己的光荣。"[4]其弟阿梅德·梯也尔则直接用"高卢人的历史"为题重新书写法国历史。[5]上述史家以更公允的态度重新评估法国文明形成中罗马帝国、基督教以及蛮族风俗所产生的不同影响。他们相信，这几种因素在起源之初的融合是法国文明乃至欧洲文明最独特的根源。[6]如米什莱在《法国史》中谈道：

---

① 古奇：《十九世纪历史学与历史学家》，上册，耿淡如译，商务印书馆2014年版，第292页。

② Claude Nicolet, *La fabrique d'une nation: la France entre Rome et les Germains*, Paris: Perrin, 2003, p. 133; Guizot, *Histoire de la civilisation en France, depuis la chute de l'empire romain jusqu'en 1789*, Tome 1, Bruxelles: L. Hauman et Cie, 1829, pp. 287-288.

③ Claude Nicolet, *La fabrique d'une nation: la France entre Rome et les Germains*, pp. 128,131.

④ 转引自Claude Nicolet, *La fabrique d'une nation: la France entre Rome et les Germains*, pp. 131-132.

⑤ 如见：Amédée Thierry, *Histoire des Gaulois, depuis les temps les plus reculés jusqu'à l'entière soumission de la Gaule à ladomination romaine*, Paris: A. Sautelet, 1828.

⑥ Claude Nicolet, *La fabrique d'une nation: la France entre Rome et les Germains*, p. 117.

"这是法国自己的历史，有她自己的发展，更改了她所有未经雕琢的元素，这些元素中有罗马市镇、日耳曼部落、凯尔特氏族。"[①]法国的起源不再是王权派和贵族派争夺的对象，也不是证明某个特殊团体权力合法性的证据。它属于全法国，其源头是开放、包容的，属于整个民族。这一特点也体现在史料建设方面。身为大臣的基佐多次强调要把未曾刊印的国家档案资料向公众开放。

在19世纪70年代，起源的历史叙述出现了明显排斥日耳曼主义的趋势。这与普法战争的失利有着密切关系。当时研究古代史的专家古郎治就拒不承认法兰克征服战争这一事实。他相信罗马的精神注入了法国人的血液中。[②]这一做法尽管与18世纪王权派的叙事较为类似，但是目的有所不同，此时宣扬罗马主义的用意是高扬民族自豪感和爱国主义情怀。直到20世纪初，"高卢主义"基本统治着法国的历史记述。古郎治的学生卡米耶·朱利昂在《高卢的历史》中证明，在罗马人入侵之前，高卢人就已经是一个成熟的民族，有共同的语言与信仰，这是未来法国的雏形。[③]他宣称"我们的祖先，高卢人"。这句名言被写入第三共和国的小学课本中。1987年，密特朗总统在索邦大学一次演讲中说道："高卢人的血液依旧流淌在我们的血管里。"[④]时至今日，起源问题依然没有淡出公众的视野。2004年法国《历史》杂志以"谁是我们的祖先？"（Qui sont nos ancêtres？）

---

① 参见：Jules Michelet, *Histoire de France*, Tome 1, A. Lacroix et Compagnie, 1880, Preface. 米什莱还说，"是谁修改了，熔炼了，转变了这些因素使它们成为一个整体的呢？是法兰西民族本身"，他摒弃了种族的学说和征服的影响，将民族起源看成是一个有机生命体的诞生。参见古奇：《十九世纪历史学与历史学家》，上册，第322页。

② 古奇：《十九世纪历史学与历史学家》，上册，第362—364页。Claude Nicolet, *La fabrique d'une nation: la France entre Rome et les Germains*, p. 210.

③ Claude Nicolet, *La fabrique d'une nation: la France entre Rome et les Germains*, pp. 230, 243.

④ http://discours.vie-publique.fr/notices/877009500.html，2015年2月11日。

为题组织了专刊。

　　每个时代都有其独特的问题。历史叙事如同时代的镜子，所反映的首先不是被讲述的那个时代的事情，而是讲述者的时代特点，具体内容往往大同小异，而笔调与历史记述的方式则会大相径庭。法国的历史，尤其是起源史，每一代人都从他们的角度去重新"制作"。[①]正如皮埃尔·诺拉（Pierre Nora，或译皮耶·诺如）所说，历史，尤其是国族史，总是以未来的观点被书写。基于各种未来应该如何或是可能如何的暗示或明示，人类群体为了面对正在等待着他们的未来，或应该预做准备的未来，在自身经历过的林林总总的事物之中进行追忆的抢救。[②]

---

① Philippe Ariès, *Le temps de l'histoire*, Paris: Seuil, 1986, p. 158.
② 皮耶·诺如：《记忆所系之处》，戴丽娟译，台湾行人出版社2012年版，前言。

第六章　启蒙时代的蒙昧
——热窝当的怪兽事件

30年前，在西方史学界兴起的新文化史方兴未艾，文化史研究者对历史上的奇闻轶事情有独钟，而18世纪的法国更是他们偏爱的题目。在他们的笔下，奇怪的事件变得可以理解，荒唐的故事似乎有理可循，而荒诞不经的事情甚至成了触及遥远世界最理想的切入口。美国史学家罗伯特·达恩顿在他的《催眠术与法国启蒙运动的终结》［周小进译，华东师范大学出版社，2010年（下称《催眠术》）］中，从启蒙晚期十分盛行的催眠术入手，解析了一代法国人的心灵面貌，挖掘出法国大革命前激进心态的全新来源。法国历史学家阿莱特·法尔热在她1988年出版的《民众的逻辑》①中，讲述18世纪50年代发生在巴黎的绑架儿童案件，借此论述了王权的形象在当时的嬗变以及政府权力的式微。

本文将要评述的是史密斯新作《热窝当的怪兽：一只野兽的形成》②，2011年由哈佛大学出版社推出。此书与《催眠术》及《民众的逻辑》颇有异曲同工之处，皆以小见大，从貌似荒诞的事件入手，透视其背

---

① 中文版译名为《谣言如何威胁政府》（浙江大学出版社2017年版）。Arlette Farge, *Logiques de la foule: L'affaire des enlèvements d'enfants, Paris, 1750*, Paris: Hachette,1988.

② Jay M. Smith, *Monsters of the Gévaudan: The Making of a Beast, Cambridge*, Mass.: Harvard University Press, 2011. 下文凡出自该书的引注，均仅以页码标注，不再重复书名。

后社会文化的面貌；但史密斯的关注点与达恩顿和法尔日有所不同，他分析的不是启蒙晚期，而是启蒙思想如日中天之时；他所挖掘的也不是巴黎的轶事，而是外省穷乡僻壤地区的民间传闻。

一、热窝当的怪兽与以往的研究

史密斯讲述的这个故事发生在1764—1765年法国中南部热窝当（Gévaudan）地区。事件本身并不复杂，1764年夏，当地一名年轻女子险遭野兽残害。事后她声称，攻击她的那个怪物来自树丛深处，既像狼，又像人。在18世纪，这样的袭击事件并不少见，尤其是像热窝当这样的人烟稀少之地。但是，此后大半年中，又有数十人被类似的不明生物袭击，多人死伤。生还者称袭击者不是狼，而是一个巨大的怪物。事发地区的地方贵族多次前去捕捉，均无功而返。这更让怪物蒙上了神秘色彩。袭击事件迅速轰动全国，最终引起了路易十五的注意。国王悬赏数千里弗，并派遣御前火枪手安托瓦内前去捕捉。三个月后，安托瓦内成功猎杀了一头体型巨大的狼。袭击事件的生还者见到后纷纷宣称，这就是攻击他们的那个怪物。狼的尸体被运到凡尔赛，安托瓦内得到了丰厚的奖赏。故事结束了，尽管类似的事件并未就此绝迹，但是，热窝当的怪兽却不再有人提起。

乍看起来，单就野兽袭人事件而言，本身并无特别之处。然而，为何偏偏这头出现在偏远山区的狼掀起了轩然大波，成了举国关注的焦点，上至王公贵族，下至平民百姓，所有人都在议论，就连欧洲的其他国家也竞相报道这一事件（117页），甚至引起了从不离开哥尼斯堡的德国哲学家康德的注意（246页）。由此可见，热窝当的怪兽事件必有其独特之处。

实际上，关于热窝当怪兽的探讨在法国并不是一个冷门话题，从第三共和国时期直至21世纪，出版了许多与此相关的书籍。

这些著作主要分为两大类。一类偏重材料汇编，1889年普尔歇教士的《热窝当的怪兽》[①]堪称代表。普尔歇教士的初衷是将此事解释为神明借助怪兽降灾，用以警示世人，而非进行深入的科学分析。该书收集了上千张图片以及目击者的大量讲述，资料堪称翔实，因此广受重视，多次再版。此外还有法布教士的《热窝当的怪兽》[②]，此书汇集了克莱蒙-菲朗地区（Clermont-Ferrand）新发现的档案资料。

另外一类则侧重揭露怪兽的真相。在较近期的出版物中，博物学家米歇尔·路易对此所做的研究非常引人注目。他的著作《热窝当的野兽，无辜的狼》[③]于1992年出版后，在14年间重印了4次。他认为，热窝当事件中的怪兽其实是一种狼和狗杂交的动物，异常凶猛。他还通过对材料的分析指出，当地贵族夏斯戴尔家族可能控制并利用了这种动物。这一说法引发了某些研究者对这一事件背后是否有人策划"阴谋"的关注。[④]而关于怪兽到底是什么动物的争论，直至最近几年都没有停息。[⑤]

---

① Abbé Pourcher Pierre, *Histoire de La Bête du Gévaudan, Véritable Fléau de Dieu, d'après les documents inédits et authentiques, chez l'auteur*, Saint Martin de Boubaux, chez l'auteur, 1889.

② Abbé François Fabre, *La Bête du Gévaudan en Auvergne*. Saint-Flour: Boubounelle, 1901. 后又于1930、1994、2006年由不同出版社再版。

③ Michel Louis, *La Bête du Gévaudan, l'innocence des loups*, Paris: Perrin, 1992, 1997, 2000, 2003,2006

④ 持这一观点的有：Pierre Cubizolles, *Loups-garous en Gévaudan, le martyre des innocents*, Brioude: Watel, 1995; Hervé Boyac, *La Bête du Gévaudan: plaidoyer pour le loup*, Clos d'Aron: Flayosc, 2004; Roger Oulion, *La bête du Gévaudan-Nouvelles révélations sur un crime organisé au XVIIIe siècle en Gévaudan*, Polignac: Editions du Roure, 2009. 但是，严格来说，这类作品的学术性并不强。

⑤ 例如，René de Chantal在他的书中就提出怪兽实际上是老虎或者狮子（René de Chantal, *La fin d'une énigme, la Bête du Gévaudan*, Paris: La Pensée Universelle, 1983）；Serge Colin仍坚持认为怪兽就是狼（Serge Colin, *Autour de la Bête du Gévaudan*, Le Puy-en-velay: Impr. Jeanne d'Arc, 1990）；Patrice Esnoux重提博物学家米歇尔·路易的观点，认为这是一只半狼半狗的杂交动物（Patrice Esnoux, *Les Mysteres de la Bete Du Gevaudan*, Paris: Société des Ecrivains, 2010）。

总体而言，这两类著作都将注意力集中在事件本身，它们感兴趣的是故事的细枝末节，力图还原事情的本来面目。然而，这类著作实际上都没有回答一个最重要的问题，那就是：为什么热窝当的怪兽能引起如此广泛的关注？在这些作者的笔下，事件从其身处的环境中被孤立出来，它与更广阔的历史背景的联系被忽略了。

二、《热窝当的怪兽：一只野兽的形成》的三个独特视角

史密斯的《热窝当的怪兽：一只野兽的形成》与上述研究有着明显的不同，他关注的并不是这只怪兽到底是什么，来自哪里，而是事件背后的意义。也就是说，他所分析的是这个事情何以能成为一个事件（événement），是什么样的力量使得热窝当的怪兽成为举国关注的焦点。所谓"野兽的形成"，实则分析的就是这个过程。借由对这个过程的解析，史密斯得以透视那个时代所具有的特定的心态。《热窝当的怪兽：一只野兽的形成》一书从三个角度把握这一事件，层层推进，环环相扣，将一起看似普通的事件放置到整个时代背景中去，将事件背后的社会、政治、文化等因素一一揭示出来。

1. 重建贵族荣誉

在这一事件中，最不寻常之处其实并非怪兽本身，而是法国贵族乃至宫廷对捕兽活动的积极参与。在以往的同类案例中，通常或由民众自发围剿，或由地方上的领主组织围剿，中央从未派人前去捕杀。这次热窝当事件却不但惊动了路易十五，令他派出自己的火枪队前去剿灭，而且在国王下令之前，已有数批贵族自发前往扑杀怪兽。为何法国的贵族阶级如此关

注此事？史密斯向来以研究贵族政治文化著称，[①]这一事件理所当然地成为他观察分析18世纪中叶贵族心态与行为的极佳样本，他对此做出了非常精彩的阐释。

他认为，法国贵族之所以如此积极地扑杀热窝当怪兽，与当时整个法国社会笼罩在"七年战争"失利的阴影下关联甚大。1763年，法国在"七年战争"中败于英国，《巴黎和约》成为这个欧陆大国的奇耻大辱。国王的权威在10年前的巴黎绑架儿童案时已遭受严重危机。[②]此时国耻之下，民怨沸腾。更严重的是，战争暴露出法国军队存在诸多痼疾：特权横行，战时颇多牵制；战士缺乏应有的勇气，犹如乌合之众。战争的失败被看作是政治体制所致，这样的失败，已经不能仅被看成是个人的责任，而是关乎整个贵族阶级荣誉的大事（78页）。血统高贵的将军成为街头歌谣嘲笑的对象。[③]而且，不仅民众，就连贵族阶级也认为，原因不在外部，恰恰在于贵族将士们自身。因为在那时，只有贵族才能参军作战，贵族最基本的职责就是保卫国家和人民的安全。勇气和荣誉是贵族最看重的德性。然而在"七年战争"中，法军面对装备和人数都不如自己的对手却输得溃不成军。于是，荣誉变成了笑话，就像当时的外交大臣所说，很多贵族恨不得"羞愤至死"（77页）。

战争失利所带来的悲观沮丧情绪尚没有散去，怪兽袭人事件就在热

---

① 史密斯有两部关于旧制度贵族的著作：*The Culture of Merit: Nobility, Royal Service, and the Making of Absolute Monarchy in France, 1600-1789*, Ann Arbor: The Unvierstiy of Michigan Press, 1996; *Nobility Reimagined. The Patriotic Nation in Eighteenth-century France*, Cornell University Press, 2005.

② 参见：Arlette Farge, *Logiques de la foule: L' affaire des enlevements d' enfants*.

③ Bouffonidor, *Les fastes de Louis XV: de ses ministres, maitresses, généraux, et autres notables personnages de son règne; pour servir de suite à la vie privée*, Villefranche: Chez la veuve Liberté, 1783, Vol. 2, pp. 46-47.

窝当发生了。贵族从中看到了一个重拾昔日荣誉的极佳机遇，他们试图以捕兽来证明自己有能力保卫人民的安全。热窝当一位贵族在获悉此事之后，斗志昂扬地表示："真正的爱国热情激励着（我们）将这头凶残的动物斩首。"（81页）很多贵族自发组队前往热窝当捕兽。从往来通信可以看到，他们把此次捕兽视为"战争"，将怪兽比作国家的敌人，竭力渲染怪兽的可怕以及当地地形险恶、天气恶劣等等。从某种意义上说，正是贵族的这番言过其实的描述，将这头"莫须有"的狼塑造成为凶猛的怪兽。所以当报纸把重重渲染过的消息带到巴黎时，凡尔赛宫立即派出国王的火枪队前往剿兽。1765年6月，国王钦命火枪队队长安托瓦内带领人马奔赴热窝当。经过3个多月的追踪围捕，安托瓦内捕得怪兽，得意凯旋。10月初，怪兽被制成标本，放在宫廷展出（218页）。

随后的日子里，虽然热窝当地区仍有狼袭击人的事件发生，但是即便报告递送到路易十五那里，国王也不愿再听到谈论此类事件了，报纸也不再报道类似的消息。因为，故事的结局就应该定格在国王的火枪队队长最终打败了可怕的怪兽、为民除了害这一刻。这场"战争"必须取胜，尽管事实上无法证实这头被捕获的怪兽是否就是元凶，但是，所有人都选择相信危险已被根除。

事实上，对于18世纪法国贵族的研究已经是史学界一个相当成熟的领域。贵族的日常生活、家族传承、婚姻教育，以及他们如何理解传统精神、应对启蒙时代的社会变迁等题目都已被精耕细作。[①]但是，在史密斯之前，无人注意到贵族在这一小小事件中扮演了举足轻重的角色，当然更

---

① 如Guy Chaussinand-Nogaret, *La Noblesse au XVIIIe siècle: de la féodalité aux Lumières*, Brussels: Editions Complexe, 2000及François Bluche et Pierre Durye, *L' anoblissement par charges avant 1789*, Paris : Intermédiaire des chercheurs et curieux, 1998都是非常有名的著作。

没有人去探究他们如此卖力"演出"的缘由。作者通过对大量私人通信、日记、官方公告以及报刊文章的细致分析，步步推进，得出结论："七年战争"的失败令法国贵族阶级蒙受奇耻大辱，也使得国家和人民都需要重新寻找精神和道德的支柱，热窝当的怪兽无疑恰巧满足了这些需求。法国贵族就是借由这一事件，力图重新树立自身作为保卫者的荣耀形象。史密斯的精彩分析从一个突发事件入手，挖掘秘事，钩稽故实，追踪曲折，最终生动刻画出当时的社会危机心态。

2. 报刊媒体的推动

史密斯敏锐地注意到热窝当的怪兽事件辐射范围如此之广，与报刊媒体的推波助澜密不可分。这一事件也成了透视当时报刊业发展的切入口。

法国报刊业兴起于18世纪初。[①]到18世纪中叶，整整一代人已经养成了阅读报纸的习惯。然而，报业的生存环境并不乐观。首先，经营一家报刊必须获得特别许可。其次，即便拥有了经营特许权，经营者还得学会如何在严苛的新闻审查制度中挣扎求生。路易十五时期，当局接连颁布四道法令，明令各类出版物均不得"攻击宗教，煽动情绪，侵犯政府权威，扰乱安定秩序"。[②]新闻报道失去了自由，当时有些报人甚至用女性刊物作为幌子，将异见隐藏在貌似无甚危害的诗歌或寓言中。[③]而大部分出版商热衷于报道各种奇闻怪谈，因为这既不会挑战法律，又能增加报纸的销量。

在本书中，史密斯通过追踪当时《阿维翁通讯报》（*Courrier d'Avi-*

---

① Claude Bellanger etc., *Histoire général de la Presse Française*, Presse Universitaires de France, 1969, p. 159.

② Claude Bellanger etc., *Histoire général de la Presse Française*, Presse Universitaires de France, 1969, p. 161.

③ 参见：Nina Rattner Gelbart, *Feminine and Opposition Journalism in Old Regime France*, University of California Press, 1987.

gnon）的主编莫瑞纳的职业生涯，细致分析了报纸如何用猎奇的方式来报道此事，吸引读者。作者发现，"七年战争"时期，各家报纸用战事新闻维持生计，战争一结束，报纸销量随即锐减（65页），《阿维翁通讯报》也不例外。在这样的背景下，热窝当怪兽的出现无疑给当时的媒体以一个绝好的机会来扩大读者群以及增加销量。《法国快报》、《阿维翁通讯报》纷纷以整版篇幅来报道此事，上百篇报道铺天盖地席卷巴黎和外省。莫瑞纳等作者绘声绘色地描述怪兽如何袭击人类，受害者如何惨不忍睹，以及民间或官方的捕猎队如何无功而返（62页）等等。绘声绘色的笔调让那些从来没见过怪兽的读者犹如身临其境。媒体的大肆渲染，添枝加叶，无限夸大了该事件的可怕与神秘。舆论使得不安与紧张向全国弥漫。一个偏远山区的野兽袭人事件发酵成了轰动全国的大事件。

关于18世纪法国报刊媒体的研究，从20世纪70年代开始已经取得不俗成绩。[①]不过，现有的路径不外乎总体分析某类报刊的缘起和发展，或是详述报业发展历史上某些知名或无名人士的生平与职业。作者在此书中独辟蹊径，从分析某一事件的发展过程入手，揭示报纸媒体在18世纪中期的生存状态、经营方式以及它们对社会舆论所起的作用和产生的影响。这种个案的研究方法不仅可以剖析得更细，而且还可将不同的研究对象放置到同一个历史事件中，细致入微地观察社会的各个层面是如何发生相互作用的。如果说，达恩顿的《催眠术》将狭义的文化史与科学史结合了起来，那么，史密斯的《热窝当的怪兽：一只野兽的形成》则是把心态史与出版史联系在了一起。

---

① 参见：Pierre Rétat, *Le Journalisme d'Ancien Régime: questions et propositions*, Presses Universitaires de Lyon, 1982.

3. 启蒙时代的蒙昧

最后，作者还将目光投向更宏阔的时代背景。史密斯看到，在启蒙时代的18世纪中晚期，科学相对于蒙昧远没有大获全胜。相反，正如康德就热窝当事件做出的评论：人们在奇事面前往往会不由自主地失去理性的判断。史密斯的《热窝当的怪兽：一只野兽的形成》一书表明，18世纪的法国虽然历经了启蒙思想的洗礼，但是在远离巴黎的偏远山区，盛行于中世纪欧洲的"罪孽论"依然拥有相当大数量的信众。因为这一怪兽的外观和残忍已超出当时既有的认知范围，尤其是传闻它被打中两枪后仍能飞奔如常时，人们不禁疑惑它是否是来自上天的"凶神"。古老的恐惧中混杂着山野村民的愚昧心态，这也在很大程度上扩大了怪兽所引起的恐慌（13页）。

鉴于当时的知识框架无论如何也无法解释新出现的"异象"，人们只得转而求助于更古老、更神秘莫测的宗教解释。于是，天主教会便顺理成章地担当起了解惑释疑的角色。1764年底，热窝当教区主教博佩就"怪兽异象"发布了一通"主教训谕"，这位主教大人在"训谕"中宣称，怪兽实际上是"上帝之兽"，它受上帝的委派，到尘世来执行死刑，那些被杀死的人，罪不在他们自己，而在他们的父母身上（47—48页）。他说，与其驱赶我们的恐惧，不如让我们为自己的罪孽颤抖，跟随上帝的指示吧，他警示我们正是为了规训我们（50页）。1765年1月，博佩主教在当地的大教堂主持了专为热窝当事件举行的盛大弥撒，号召民众与他一起祈祷40个小时。类似的仪式在附近地区也接连举行。教堂里坐满了虔诚的信徒（57—58页）。

史密斯认为，在法国，18世纪是一个新的科学知识与旧的蒙昧观念胶着的时代。虽然像布丰那样的博物学家辛勤工作以期解开大自然的秘密

（27—37页），但仍有相当大数量的民众，尤其是偏远山区的居民，对很多新概念一无所知。热窝当事件的出现，给佩博主教等教会人士一个绝好的机会来宣扬以冉森教派为代表的严格的伦理教条，抨击社会的腐化。比如，他们指责女孩子们已经失去了女性应该具有的正派与谦逊，恬不知耻地展示自己，以博得他人的赞美（49页）。联想到热窝当事件中的受害者大多为女性，那么主教的这番言辞显然在暗示，正是女性不检点的行为招致了神兽的惩罚。佩博主教利用当地居民的困惑以及古老的地方传说，把热窝当野兽袭人事件解释为神谴，将"怪兽"事件挪为己用，借以宣扬他们的宗教理念。由于这些力量的加入，热窝当怪兽事件的轰动效应自然就传播到了更遥远的地方。

三、《热窝当的怪兽：一只野兽的形成》：探索"全景式"文化史的研究途径

热窝当的怪兽是法国民众耳熟能详的民俗故事，直至事件过去数百年之后的20世纪，仍有电视剧、漫画以及小说沿用这一题材，尽管对于严肃的历史学家来说，这并不是值得深究的题目。[①]但是，史密斯却另辟蹊径，深入到故事发生的那个时代，去探索平常不过的事件演化为影响巨大的传奇的原因。他在貌似通俗的山野故事背后看到贵族、媒体以及教会出于各自的目的，携手"制造"出了一只震惊全国的"怪兽"。这就是该书最终展示给读者的"怪兽的真相"。

如果将《热窝当的怪兽：一只野兽的形成》与其他研究同时期法国社

---

① 正如20世纪上半叶小说家、民俗学家亨利·普哈在他的《真实的热窝当怪兽》中所说，只有那些熟悉山野的人才会对发生在18世纪60—70年代的这一事件产生浓厚的兴趣。这是一部以捕狼英雄为题材的小说：Henri Pourrat, *Histoire fidèle de La Bête du Gévaudan*, Paris: Éditions de l'Epervier, 1946, pp. 270-271.

会的文化史著作相比较，我们会看到明显的区别。达恩顿在《催眠术》中仅仅关注有关催眠术的小册子如何将激进的思想传播给更广泛的民众。他对于催眠术事件在政治、文学等层面是否产生了真正的作用，这种作用又是如何施加影响的，并没有做深入分析。如果仅凭一些革命者曾经关注或参与此事的材料就认为催眠术事件对革命的发生起到了一定作用，显然颇为牵强。[1]此外，他所提到的催眠术对19世纪上半叶法国思想界的影响也缺乏扎实的论证。[2]造成这些瑕疵的原因是，作者没有对事件的背景做一个较长时段的考察，也没有深入当时社会环境的大背景，而只是关注与事件本身密切相关的切面。前文提到的法国学者法尔日擅长研究18世纪大众生活与民众舆论，她的《民众的逻辑》聚焦18世纪中期发生在巴黎的绑架儿童事件，从中揭示民众对于王权权威的心态变化。她的著作在事件角度的选取、警察档案的运用等方面，都有值得称道之处。但是，她对于事件周边的其他因素，比如报纸媒体介入所产生的引导作用，以及事件发生较长时间之后人们又是如何回顾这一奇闻的，也缺乏足够的关注。

与上述两位作者不同，史密斯在对热窝当怪兽事件的分析中，不仅仅关注某一个特别引人注目的方面——比如在怪兽事件中贵族的表现，而且从整体上考察事件发生之后一系列的连锁效应，甚至延伸到19世纪人们对这一事件的再次演绎。由此，他的结论也就更让人信服，他认为，正是那个时代人们知识结构的因素、文化市场的环境，以及特殊政治情境下人们的心态，才是热窝当怪兽形成的真正原因。同时，他在书中分析的诸多问

---

① Edward T. Gargan, "Mesmerism and the End of the Enlightenment in France by Robert Darnton", *Annals of the American Academy of Political and Social Science*, Vol. 386 (Nov., 1969), p. 168.

② William Coleman, "Mesmerism and the End of the Enlightenment in France by Robert Darnton", *Isis*, Vol. 60, No. 1 (Spring, 1969), pp. 109-111.

题，例如，在与怪兽对峙的过程中，各种政治社会力量的介入，中央与地方微妙关系的呈现，精英和民众之间的张力等，都是18世纪研究无法回避的问题。因此，此书最大的价值在于它运用以小见大的方式，透过这一事件，全面考察了18世纪中叶法国社会各个层面的风俗和心态。此外，在写法上，作者将分析糅合在叙述之中，既有详细的叙事又有合理的阐释，在引人入胜的同时避免了"过度阐释"的嫌疑。

当然，此书也有欠缺之处，比如作者始终强调精英阶层（贵族、媒体、教会）对于此事的推动与掌控，而对于此类故事产生的土壤——乡野文化却不够重视。实际上，在这个故事的传播过程中，村民之间的转述加工，以及古老的民间传说显然也起到了不容小觑的作用。但可惜的是，作者并没有对此做详细的分析。另外，就像有评论者指出的那样，此书结尾处，把热窝当怪兽事件看成是法国社会"向现代的转型"的表现，似乎略显生硬与急促。[①]何谓现代？为何此事代表了这个转型？这些问题史密斯都没有交代清楚。不过，瑕不掩瑜，无论如何，《热窝当的怪兽：一只野兽的形成》在探索"全景式"文化史研究途径上迈出了一大步。

[①] Sarah Maza, "Monsters of the Gévaudan: The Making of a Beast. by Jay M. Smith", *Journal of Social History*, Volume 46, Issue 2, Winter 2012, pp. 598–600.

附录

《年鉴》杂志与法国历史研究的新动向

——法国社会科学高等研究院安托万·里勒蒂教授访谈

一、关于启蒙时代新的研究路径及法国史学领域的团队合作

1. 安托万·里勒蒂教授，很荣幸能够有机会采访您。在您访问浙江大学期间，您的讲座《私人生活与公众形象：18世纪名士的诞生》在相关领域引起了很多关注。据悉，您的两部杰作《沙龙的世界》和《名人的发明》的中译本即将出版。您通过研究社交来解释法国的启蒙运动，这与强调思想史的传统有很大不同。这种研究路径对中国学者很有启发性。因此，或许让我们先从您的个人经历谈起。您是怎样成为一名历史学家的？成为一名历史学家与您的家庭或学术生活有什么联系？

答：这不是一个简简单单就能回答的问题，因为这很容易变成对我个人经历的一系列回顾。当我还是一名学生的时候，我曾在历史学和文学之间摇摆不定，同时我还对社会学等其他社会科学感兴趣。最终，我选择了历史学，因为我认为历史学是最严谨的。当你是一名历史学家的时候，你可以讲故事、阅读和解释文本，尝试去理解社会的机制。最重要的是，我最喜欢历史研究的一点，是在于陌生与熟悉之间的互动。历史学家为了理解自己所处的社会，要么通过差异性（比如有什么发生了变化），要么通过相似性（即我们继承了什么）。他们在档案和古代材料的基础上形成了一套独特的知识，所以，他们在理解当下问题的时候，会提出自己十分独到的看法。从这个角度来说，启蒙运动毫无疑问是值得研究的重要时期，因为它至今仍被认为是现代世界形成的重要分水岭。

我通过"社交性"（sociability）来研究启蒙运动，确实同传统的思想史之间有着距离。启蒙运动不仅仅是哲学史的一个片段，还是一个社会、政治和文化变革的重要时期。这就是为什么我一直试图用"社交性"这个概念来强调知识分子生活的社会层面，并且更加广泛地强调18世纪欧洲社会的转变（例如，媒体传播的兴起使得大量报纸出现以及消费社会的诞生）。

2. 既然谈到了您的研究，我还想就您的新作提几个问题：您为什么选择"名人的发明"（the Making of Celebrity）这个主题来研究法国启蒙运动？这与您的导师达尼埃尔·罗什的指导有什么联系？还是正如您在浙江大学演讲时说过的那样，这个论题（名人的发明）已经是现代社会日常生活的一部分，这个选择更像是源自对现实的思考？

答：我的第一本学术著作是研究巴黎沙龙的，在这本书里，我已经表明上层社会是如何推动文学风尚和提高社会名望的。沙龙不仅仅只是文学娱乐的场所，它们还有重要的社会功能。因此我对精英圈内个人名望的传播产生了兴趣。然后，我意识到，随着人们越来越关心声誉或名望，名人的出现是18世纪最重要的变化。作家、演员、歌手，以及政治家变得被大众熟知，影响力远超过他们个人专业领域的范围。他们的名字和形象得到广泛传播。人们开始思考这些变化。出名意味着什么？我们今天一般认为名人是一个新近才出现的现象，是当代大众传媒，甚至是启蒙公共领域衰落的结果。但是，实际情况恰好相反。名人文化（celebrity culture）有很深的历史渊源，因为在18世纪，伴随着近代公共领域以及公共性的观念的出现，名人文化就开始出现，并且得到了迅速发展。基于这一点，此书的构思事实上是面向当下的一个问题，是希望从过往历史中寻找到答案的一次尝试。

3. 您的导师达尼埃尔·罗什是法国最负盛名的历史学家之一，著作等身。中国学术界对于他的研究非常熟悉。《启蒙运动时期的法国》已经在中国出版。您可以谈一下他对学生的指导吗？

答：达尼埃尔·罗什研究启蒙运动达40年之久，是该领域最重要的学者。他教会了我们很多。我要强调三点。首先，他经常告诫我们，研究文化史的历史学家不应该割裂经济史和社会史。尽管罗什本人是由于他那些关于学术和思想的社会化的著作而闻名，但他同时还是一名研究物质文化史的历史学家，他对日常生活的形式和行为有着浓厚的兴趣。他甚至写了一本《平常事情的历史》（*Histoire des choses banales*）[1]。他对于物质性的坚持，对于摆脱时不时占据知识分子史的那种理想化偏见至关重要。其次，罗什要求我们不要放弃对总体史的野心。他写的每一本书都给一个问题提供宏观分析，试图从整体视角上理解这些主题（消费、流动、大众

---

[1]　达尼埃尔·罗什《平常事情的历史》，吴瑶译，百花文艺出版社2005年版。——访谈者注（下同）

文化、服饰文化等）。最后，我们从他那里学到，历史应当是一项集体工作。他是一位非常慷慨的教授，总是乐于分享他的知识，鼓励年轻学者，将不同年龄段的研究者组织成团队。

4. 我们都知道集体研究对于法国史研究非常重要。弗朗索瓦·孚雷主编的《18世纪法国的书籍与社会》就是最好的例证之一，而且曾在拉布鲁斯指导下进行集体研究的学者，后来都成了重要的历史学家。在另一份采访当中，达尼埃尔·罗什提到了他的著作《希望之城：巴黎的流动与接待》（*La ville promise: mobilité et accueil à Paris*，2000年）也是集体工作的结果。因此我们想知道，从达尼埃尔·罗什到您这一代人，法国历史研究的训练有什么变化，集体研究是否依然重要。

答：集体研究之所以受到重视，是因为这种方法曾经被当作是与自然和物理学科竞争的一种手段。法国科研领域的组织机构（尤其是在法国国家科学研究院内部）使其得到了加强，人们都认为历史研究应当以层级分明的形式组织起来，上面由一位教授领衔，由他来确定主题，布置任务，最后出书。当达尼埃尔·罗什出版《希望之城》时，这种模式实际上已经发生了改变，这其实是由多名历史学家在个人研究的基础上合作完成的一部著作。10年前，很多人经常说集体研究的时代已经结束了。但是，情况正在发生变化，因为新形式的资助以及人文学科数字化的趋势鼓励集体工作。我必须承认，我个人并不总是对历史研究中集体研究的效率感到放心。我更加倾向于另一种形式的集体工作：阅读其他人的著作，进行讨论，针对不同的发现，最后得出准确的概念工具。

二、近年来《年鉴》杂志的变化与法国史学研究的主流

1. 您曾经是《年鉴》杂志的主编，现在仍然是编委会成员。这份杂志是现代历史编纂的先锋和先驱。自从20世纪80年代中国的张芝联教授将"年鉴学派"介绍到中国后，中国学者对马克·布洛赫、吕西安·费弗尔、费迪南·布罗代尔、艾曼纽埃尔·勒华拉杜里等人的杰作越来越感兴趣。彼得·伯克的《法国历史学革命：年鉴学派1929—2014》和弗朗索瓦·多斯的《碎片化的历史学：从〈年鉴〉到"新史学"》也已经有了中译本。"年鉴学派"的方法论已经得到了广泛应用。因此，我想请您谈一下《年鉴》杂志自从勒华拉杜里那代人之后的变化，例如杂志的目标和出版标准的变化。

答：《年鉴》杂志自从勒华拉杜里那代人之后发生了很大变化。例如，《年鉴》杂志欢迎应用社会学（pragmatic sociology）的新潮流，以及由意大利人提出的微观史学（microstoria）的主张。最近，我们也欢迎关联史学（connected histories）。它不再局限于一种方法论，或者某一独特的领域，不管是经济史、社会史，还是文化史。《年鉴》杂志更加多元，致力于推动更多历史书写上的创新：我们发表多个领域的文章，既有计量史学也有叙述史，也包括思想史和环境史。

但是，今天的《年鉴》杂志仍然坚持强调以下几个宗旨，这也是本刊的特色：首先，最重要的一点是，《年鉴》注重历史学与其他社会科学的对话，包括人类学、社会学、地理学。我们认为历史学完全属于社会科学领域，我们欢迎有助于对不同学科交叉领域进行总体讨论的文章。其次，《年鉴》的第二个独特之处在于重视非西方史学的作用。很显然这是费迪

南·布罗代尔《文明史纲》（*Grammaire des civilisations*）的遗产。尽管"文明"这个概念受到了批评，但是《年鉴》杂志坚信历史学家应当研究不同的领域，避免欧洲中心论，加强比较研究。第三点是我所称作的"反思史学"，历史学家不应只书写过去，他们必须明确他们使用的概念、他们提出的理论问题、他们强调的历史编纂问题，以及最终明确他们的个人立场。

最近，非常有幸能同剑桥大学出版社合作，一个主要的变化就是《年鉴》的英文版现在上线了。我们希望这项合作能够增强《年鉴》杂志对中国读者的吸引力。

2. 自从20世纪60年代以来，心态史和总体史的概念几乎已经成了年鉴学派的象征。但是据我所知，围绕着这两个概念的相关讨论变少了。没有那么多的著作标榜为心态史或总体史。我不确定这种印象是否准确。这些观念（在法国）是否仍然代表着历史研究的主流？如果已经发生了变化，那请您谈谈其中的原因。

答：你说得非常正确。"心态史"的概念在20世纪60年代和70年代非常重要，到了80年代几乎被完全抛弃。这个概念由于过于宽泛而遭到批评，它意味着在一个特定的社会里，所有人都有相同的观念。它已经被表象的概念取代，表象的概念由罗杰·夏蒂埃在一篇重要文章《作为表象的世界》（"Le monde comme representation"，《年鉴》1989年11—12月，第44卷第6期）中提出。现在，表象的概念甚至比心态史更加微妙和复杂，这两个概念之间有着重要的连续性。它们都强调与文化史有关，尤其是在集体观念和信仰的层面上。

至于"总体史",有必要做出区分。如果"总体史"意味着历史学家不必在社会史、政治史、经济史或文化史当中做出选择,而是应该从不同的角度研究过去的社会的话,它仍然与《年鉴》有所联系。但是如果这是假设用一种个别的观点对历史做出总体性解释,对此我并不认同。历史学家强调多种层面上的分析:在微观分析(例如传记或地方个案)层面上所见到的不一定与宏观史、全球史的结果相一致。因此,一个重要的问题是:如何使个案研究一般化,如何使不同层面的研究相互贯通,如何用连贯的叙述总结历史研究的结果?

3. 那么,政治史是否回归了?因为《年鉴》最具争议性的一个话题之一是它忽视了政治问题,而过分强调文化范畴,至少在中国是如此。

答:在法国也同样如此,这一直以来都是对《年鉴》的批评。的确,政治史从来都不是《年鉴》编辑政策的核心。但是有必要具体问题具体看待。《年鉴》一直都批评狭义上的政治史:政治生活的记录、政治人物的传记、君主的行为。但是《年鉴》杂志很重视从社会史和人类学的角度,分析经政治仪式、国家角色、抗议与革命以及政治经济等层面所体现出来的权力问题。不过,尽管如此,在本刊发表的文章中,政治史依旧是次要的话题。

4. 20世纪80年代末,《年鉴》杂志上的一些文章呼吁反思整体人文学科、人类科学,其中有的文章还声称社会科学存在普遍危机。一些人宣称我们应该放弃当时的主流范式。在这些文章当中,罗杰·夏蒂埃的论文《作为表象的世界》在我看来最具代表性,它也被翻译成中文了。您认为是什么原因引起了这些反思？而这些反思，是否意味着自结构主义诞生以来的总体性和结构主义范式遭到了否定？

答：在20世纪80年代，《年鉴》杂志面临着自身认知论范式（epistemological paradigms）的普遍危机。当时，由于后现代主义思潮的兴起和所谓的语言学转向产生，社会科学出现了普遍危机。在社会史主导基础上的知识积累模式也遭到了抨击。《年鉴》杂志通过提出"批评性转向"（参考《年鉴》杂志1988年3—4月，第43卷第2期）来应对这个挑战：他们接受了一些对传统社会史和结构主义观念的批评，但是他们试图保留历史学作为一种科学化的社会科学的野心。这种解决方式重新与社会科学的不同潮流（应用社会学、新制度经济学、文化人类学、微观叙事）建立了新的联系。

然而，这些努力并没有产生一种新的范式，甚至没有一种连贯的方法论，这让那些热衷于将《年鉴》定义为一个同质化"学派"的人深感不安。但是，它为历史编纂的实验提供了一个创新性的空间：新的目标、新的问题、新的方法、新的叙述。例如，你提到的罗杰·夏蒂埃的文章既可以解读为《年鉴》重申社会学传统，反对过度的语言学转向，也可以解读为在全新的理论根基上重建文化史（这些理论基础包括路易·马兰[1]、米歇尔·德赛陶[2]、诺贝特·埃利亚斯和皮埃尔·布尔迪厄等人的理论）。

---

[1] 路易·马兰（Louis Marin，1931—1992）：法国哲学家和符号学家，专长于研究17世纪法国的文学与艺术，曾在美国加州大学圣地亚哥分校、美国约翰·霍普金斯大学、法国社会科学高等研究院等多所知名高校任教，代表作《表象》。

[2] 米歇尔·德赛陶（Michel De Certeau，1925—1986）：法国史学家和心理学家，代表作《日常生活的实践》。

5. 如果说罗杰·夏蒂埃的文章显示出他对语言学转向的审慎态度以及对社会学传统的重新肯定，那么在他之后，哪些法国历史学家跟随了他的倡议并且取得了进展？

答：罗杰·夏蒂埃的文章的重要影响至少可以从以下三个层面展开。首先，书籍史与阅读史成为新文化史中一项核心要素。许多历史学家开始潜心于关注文本传播与出版的历史，关注文本的物质性（matérialité），同时也注意考察它们所产生的经济与政治效果；以此反对那些唯心主义的或者脱离物质性的观念史（l'histoire des idées désincarnée）。其中比较有代表性的有克里斯汀·儒奥[①]对17世纪法国所做的研究，或者让–伊夫·莫里耶[②]对19世纪的书籍史的研究。第二点影响表现在：夏蒂埃非常重视"占有"的概念（la notion d'appropriation），强调读者拥有一种从他们阅读的作品中创造出意义的能力。换言之，读者阅读的过程，便是把文本意义"据为己有"的过程。在这种情形下，作品的含义就变得更为开放、更为复杂。最后，对夏蒂埃来说，表象的概念（la notion de représentation）至关重要，因为它让人去思考一种方式。这是一种不同个体构建这个世界与这个社会的表象的方式，而这些表象使得个体得以自我判断定位并在其中诉诸行动。像米歇尔·佩罗的学生，多米尼克·卡里法[③]，在其研究中就借鉴并发展了这种表象史。

---

① 克里斯汀·儒奥（Christian Jouhaud）：法国史学家，研究领域为17世纪法国社会政治与文化，尤其关注文学与权力的关系，代表作《文学的权力，悖论的历史》。

② 让–伊夫·莫里耶（Jean-Yves Mollier）：法国出版史专家，代表作《19世纪法国的书店行业（1798—1914）》、《20世纪法国的出版、报业与权力》。

③ 多米尼克·卡里法（Dominique Kalifa）：现为法国巴黎一大历史学教授，研究领域为19世纪法国犯罪史与表象史，代表作有《19世纪的罪行与文化》、《墨与血：罪行书写与美丽时代的社会》。

总体而言，大部分从事文化史的历史学家对于语言学转向都持谨慎保留的态度。他们更愿意采用某种对社会文化实践（阅读、社交以及权力关系）赋予更多重要性的研究路径，同时也与社会学保持紧密的关联。与此类似，法国历史学家也非常关注科学史的研究成果，例如斯特凡纳·范达姆①就很重视这方面的研究。

6. 对于《年鉴》来说，在这次反思之后，在历史学理论和方法论上有什么新的发展或进步吗？我相信这是中国学者最想知道的问题，因为了解法国史学的动态，对推进我们自己的研究很有帮助。您能详细地谈一下吗？

答：在过去的15年里，《年鉴》有了很多发展（全球史和关联史学、"长时段"与短时段、历史叙述的形式、环境史、新科学史等）。下面我就聚焦于一些常见的问题。

首先，原始材料。历史学家越来越多地用批判性的目光看待他们所使用的材料。他们意识到档案有着自己的历史：档案被生产、选择、保存、流传。这种所谓的"档案转向"（archival turn）并不是为了反对语言学转向，从而回归一种以档案材料为基础的实证主义的历史研究概念，相反，这是尝试将档案本身放在历史研究的中心位置。与此同时，像文学文本和图像等其他材料运用起来更加谨慎，在方法论上也是如此。文学材料的运用是一个重要问题，对于《年鉴》来说，过去的10年间也有所讨论[例

---

① 斯特凡纳·范达姆（Stéphane Van Damme）：法国史学家，研究领域为自然环境史以及全球背景下的科学与知识的启蒙运动，近期代表作《驶向真理之帆：启蒙时代哲学的另一种历史》。

如，2010年2月的特刊《文学的认知》（*Savoirs de la literature*）]。

档案转向最明显的一个例子便是《综合期刊》（*Revue de synthèse*）2004年第5期的专栏，名为《制造档案，制造历史》（"Fabriques des archives, fabrique de l'histoire"）。事实上，这也是国际历史编纂学的一种趋势。最近的研究成果较为突出的有菲利普·维沃[①]发表于2013年《年鉴》上的文章：《国家之心，张力之域，从威尼斯看档案转向》（"Coeur de l'Etat, lieu de tension, le tournant archivistique vu de Venise"）。

这一趋势呼应了对于档案形成过程中的历史性的更深层次的思考。档案的收集、形成，不仅涉及对此加以编撰的历史学家，同时也关涉某种对于档案性质的政治思考，以及这种思考自身的历史。亚纳·波坦[②]的《档案与法律的诞生》，以及苏菲·克尔[③]、瓦莱丽·蒂埃斯[④]等人在档案领域的研究成果很好地展现了法国历史学家在这一方向上取得的成就。

其次，历史学家试图超越社会史和思想史的传统对立。这种僵化、枯燥的对立曾经是吕西安·费弗尔在20世纪30年代关注的主要问题，一直延续到今天。思想史学家批评"社会还原论"（social reductionism），反过来，社会史学家轻视"观念史"（history of ideas）。但是，如果想要理解历史性变革，就必须考虑到历史事实复杂的多个层面，尤其是概念与社会

[①] 菲利普·维沃（Filippo de Vivo）：现为英国伦敦大学历史系教授，研究领域为近代早期意大利与威尼斯共和国，代表作《威尼斯的信息与交流：反思早期现代政治》。

[②] 亚纳·波坦（Yann Potin）：现为法国国家档案馆研究人员，代表作《档案与法律的诞生》。

[③] 苏菲·克尔（Sophie Coeuré）：现为法国巴黎七大历史系教授，研究领域为19-20世纪俄罗斯在西方的形象，代表作《档案》。

[④] 瓦莱丽·蒂埃斯（Valérie Theis）：法国中世纪史研究学者，近期代表作《维奈桑伯爵领地的教宗统治》。

之间的联系。《年鉴》杂志一直致力于消除这种对立。

我最后要强调的一点是：正如我们所知的那样，历史学家不能脱离他们研究的历史；他们与过去相互联系（通过他们使用的概念、他们自己个人的经历、他们自己的社会与他们所提出问题之间在政治层面上的复杂关联等等）。由于强调历史写作的客观性，这一点很容易被忽视。但是今天很多历史学家尝试将自己的立场和自己的思想工具作为历史的一部分。这并没有削弱历史知识。相反，这让历史知识更具有反思性，让历史有了更多的解释角度，因此也使得历史更加有用。

三、法国历史研究的国际化与全球史的发展

1. 以前，中国学者总有一个印象，那就是法国学者过去对国外的研究不是很感兴趣，相关的翻译也很少。但是现在已经完全改变了。学术研究越来越国际化。一些国外学者在法国也很有影响力。罗伯特·达恩顿就是著名的例子。您能否谈一下法国历史研究的国际化？

答：首先，在我看来，法国学者过去对国外历史著作不太关心这个说法有些夸大了。举例来说，如果你去翻阅《年鉴》过去的主题，就会发现有很多关于非法语书籍的书评。马克·布洛赫非常关注英国和德国历史学家，布罗代尔与全世界的历史学家建立并维持了一个庞大的交流网络。更近一点，意大利的微观史学（卡洛·金兹伯格、乔凡尼·列维等）很快就被法国人熟知并且出版。很显然，这种情况在近些年随着法国历史研究的国际化已经发生了转变。这是一个普遍现象，是知识全球化和图书、文章、人员快速流动的结果。但是这对于法国学者来说有着特殊的影响，因为法语不再是以前那样的国际语言。法国历史学家现在面临着两难的处

境：为了国外读者考虑，他们必须用英语出版，但他们还需要保留独特的思想传统和历史写作风格，比如他们需要与社会科学对话；但这种两难的困境在美国或英国就不存在。这就是为什么《年鉴》杂志要做双语版（法语版和英语版），也就是要做一份有英语版的历史研究法语杂志，而不是做一份法语版的历史研究英语杂志。

2. 全球史当前是一个热议的话题。在我们的理解中，全球史与世界史的概念完全不同，它强调跨区域、跨国家，甚至是超越单一文明的研究。全球史在中国学界比较受欢迎，例如，中国的首都师范大学在2004年建立了全球史研究中心，并且从2008年开始出版《全球史评论》。此外，中国学界也很积极地引进这方面的优秀著作。我们想知道，法国学界对全球史有什么反应？法国学者也会在自己的研究中引入这一新取向吗？如果有，有哪些代表著作？

答：我认为很难轻易地将全球史和世界史明显区分开来。不仅在中国对此有讨论，这个争论在法国同样也很活跃。不过在法国，它经常掩盖在认识论困惑和政治争论之下。《年鉴》杂志在2001年刊登了一篇与该话题相关的论文《全球视野下的历史》（"Une histoire à l'échelle globale"，《年鉴》2001年，第56卷第1期），自此以后还有对这些问题持续的讨论，这一领域最著名的法国历史学家塞尔日·格鲁金斯基[①]发表了多篇论文。

简而言之，我认为《年鉴》鼓励植根于地区背景下的全球史概念。

① 塞尔日·格鲁金斯基（Serge Gruzinski）：法国史学家，专长于研究拉丁美洲史，近作如《世界的四部分：一部世界化的历史》。

因为这样既能把握准确的语境，又能避免目的论和宽泛概括的风险。罗曼·贝特朗①《均分的历史，东西方相遇的故事（16—17世纪）》（*L'Histoire à parts égales. Récits d'une rencontre Orient-Occident, XVIe-XVIIe siècle*，2011年）和安东内拉·罗马诺②最新的著作《中国印象》（*Impressions de Chine. L'Europe et l'englobement du monde,16e-17e siècles*，2016年）都关注跨文化的碰撞，无论是殖民史、宗教史还是文本的考证，都是将相互关联的历史与社会文化的思考结合起来的尝试。这恰与《年鉴》的考虑不谋而合。

在更加政治化的层面，法国正在进行一场激烈的争论，争论的双方是传统民族史的支持者和试图用全球视角重写民族史的人，前者强调保留"民族叙事"（national narrative）的重要性，有时被称作"民族故事"（national novel）。2017年，帕特里克·布舍龙③主编的文集《法国的世界史》（*L'Histoire mondiale de la France*，2017年）成为畅销书，同时也引发了来自保守历史学家和记者的激烈批评。

3. 我们知道，法国的史学研究在其方法路径以及研究对象等方面与英美国家存在着不小的差异，那么在国际史学领域都兴起全球史研究的热潮之下，法国的全球史研究是否也有其特色？您认为法国全球史研究目前的整体状况如何？

---

① 罗曼·贝特朗（Romain Bertrand）：法国史学家，专长于研究欧洲在亚洲的殖民地历史，代表作除《均分的历史》之外，近作还有《殖民化：另一部历史》。

② 安东内拉·罗马诺（Antonella Romano）：法国史学家，专长于研究现代科学与知识传播史以及全球史，代表作还有《罗马和近代科学：从文艺复兴到启蒙时代》。

③ 帕特里克·布舍龙（Patrick Boucheron）：法国著名史学家，研究领域为中世纪及文艺复兴时期的意大利历史，罗马法国学院学术委员会主席，代表作《中世纪的公共空间》、《莱奥纳多和马基雅维利》、《15世纪世界史》等。

答：首先应该区分两股不同的潮流。一方面，法国历史编纂在很大程度上受到布罗代尔的著作《文明史纲》的影响，因此，在进行研究时会以大的文明区域为单位进行。在此框架内，许多法国历史学家研究欧洲地区以外的区域文明。但需要注意的是，这并不是一种真正的全球史，而只是立足于"俯瞰式视角"（un point de vue surplombant），寻找一种不同于以往的新切入点。在这些研究中，取得突出成果的可以列举以下几种：若瑟兰·达克连①关于阿拉伯世界的研究，皮埃尔-弗朗索瓦·苏瑞②关于日本的研究，克里斯汀·拉姆茹③关于中国的研究，尼古拉·巴雷尔④关于美国的研究，等等。值得一提的是，还有一些研究拉美历史的非常重要的法国学者也可以归类于此，例如安尼克·朗佩里埃⑤、奥利弗·孔帕尼奥⑥等人，以及研究非洲史的法国学者群，譬如卡特琳娜·科克里-韦德维奇⑦，艾曼纽埃尔·希波⑧，卡米耶·勒费弗尔⑨等。

① 若瑟兰·达克连（Jocelyne Dakhlia）：法国人类学家与史学家，研究法国与突尼斯历史，代表作《突尼斯：无喧嚣之城》。

② 皮埃尔-弗朗索瓦·苏瑞（Pierre-François Souyri）：法国研究日本史的专家，代表作《没有成为西方的现代：从起源到今天的日本》。

③ 克里斯汀·拉姆茹（Christian Lamouroux）：法国研究中国史的专家，中文名蓝克利，代表作《不灌而治——山西四社五村水利文献与民俗》。

④ 尼古拉·巴雷尔（Nicolas Barreyre）：法国研究美国史的专家，代表作《黄金与自由：一部美国独立战争之后的空间史》。

⑤ 安尼克·朗佩里埃（Annick Lempérière）：法国研究拉美史的专家，关注20世纪墨西哥知识分子群体，代表作《伊比利亚美洲世界的政治和社会词典——基本的政治概念，1770—1870》。

⑥ 奥利弗·孔帕尼奥（Olivier Compagnon）：法国史学家，研究领域为20世纪拉美政治与文化史，代表作《20世纪末的暴力和政治转型：欧洲与南美》。

⑦ 卡特琳娜·科克里-韦德维奇（Catherine Coquery-Vidrovitch）：法国研究非洲史专家，巴黎七大荣休教授，代表作《撒哈拉以南非洲：永久与断裂》、《19世纪的非洲与非洲人》。

⑧ 艾曼纽埃尔·希波（Emmanuelle Sibeud）：法国史学家，研究领域为殖民史与非洲史，代表作《帝国时期的殖民社会，1850—1960》。

⑨ 卡米耶·勒费弗尔（Camille Lefebvre）：法国研究非洲史的专家，代表作《沙漠边境，纸张边境，领土与边境史》。

与此不同的是另一股潮流中的学者，他们致力于发展全球史或者关联史（une histoire globale ou connectée），他们强调传播、联系，甚至全球化史（l'histoire de la mondialisation）本身。在前文提到的塞尔日·格鲁金斯基的研究脉络中可清楚看见上述意图。在2017年，有两部与全球史相关的重要著作出版。一部是我之前已经提到的帕特里克·布舍龙主编的《法国的世界史》，另一部是西尔万·韦纳伊①和皮埃尔·桑格拉维罗②主编的《19世纪世界史》（*L'Histoire du monde au XIXe siècle*，2017年），这两部作品问世之后广受关注。

关于如今法国全球史的整体研究状况，我认为，事实上，全球史在法国有相当长的历史，布罗代尔的著作便是最好证明。但近些年来，法国的全球史显得没有那么突出。我们正在努力弥补这一缺憾，一方面是为了响应全球历史编纂的潮流，另一方面，也是为了回应公众的需求。我个人认为，还有一个领域值得法国学者关注，那就是欧洲自己的历史，目前看来，在这个领域虽然已经有为数不少的尝试，但真正出色的成果依然还寥若晨星。

结语：非常感谢里勒蒂教授与我们分享这些观点，也衷心感谢您多次来中国与中国法国史学者进行深入广泛的交流，希望今后与您及《年鉴》杂志开展更进一步的合作！

---

① 西尔万·韦纳伊（Sylvain Venayre）：法国史学家，研究领域为时空表象史以及旅行文化史，代表作《19世纪的旅行与回忆》。

② 皮埃尔·桑格拉维罗（Pierre Singaravélou）：法国史学家，索邦大学出版社主编，研究领域为殖民史以及全球史，入选法兰西学院，代表作《殖民帝国：19—20世纪》。

后社会史的理论与实践：
从传统史学到新文化史的演变

——兼评卡夫雷拉《后社会史初探》

20世纪90年代以来，西方学界开始集中反思文化转向对人文学科，尤其是历史学研究的影响。引领这股修正思潮的那些学者尽管具有不同的思想轨迹，也来自不同的学术传统，但他们的主张在某种程度上具有共同的主旨，即希望修正文化研究中不曾为人意识到的保守立场。这种保守立场表现为依旧以先前主体—客体、文化—社会这样的二元图式来理解与分析社会行动与历史事件，从而在不同程度上致使"文化"范畴保留了此前的"社会"范畴所具备的那种本质主义以及不可化约的自主性，其结果是"文化"取代了"社会"，成为新的决定因素。

从总体上来看，上述修正思潮大体上可以分为两类。首先是"实践史学"，倡导者既有史学家，也有以马歇尔·萨林斯为代表的人类学家。① "实践史学"着眼于人的行动，分析人如何实践性地利用文化，文化又如何在实践中发生变化，其核心主旨是以实践为核心，剖析实践对文化的转型作用。无论是萨林斯对库克船长的分析，还是晚近某些史家关注历史行动或历史事件对文化的影响或重塑，都体现了这一理论倾向。"实践史学"与新文化史的区别是一目了然的，其根本目的是要削减或破除文化对行动或历史事件的决定性的规约作用。

"超越文化转向"的另一股思潮是"后社会史"（postsocial history）。这个概念是西班牙史学家卡夫雷拉（Miguel A. Cabrera）在2004年出版的《后社会史初探》一书中率先提出的。②此书甫一问世，便引起了西

---

① 主要代表：G. M. Speigel (ed.), *Practicing History: New Directions in Historical Writing after the Linguistic Turn*, New York, NY: Routledge, 2005. 另如：Roger Chartier, *On the Edge of the Cliff: History, Language, and Practices*, The Baltimore: Johns Hopkins University Press 1997. 《历史与理论》杂志曾于2000年10月举办专刊《历史研究中的文化与解释》（*Forum on Culture and Explanation in Historical Inquiry*），集中反思实践与文化这一专题，参见：Richard Biernacki, "Language and the Shift from Signs to Practices in Cultural Inquiry", *History and Theory*, Vol. 39, No. 3 (Oct., 2000), pp. 289-310: Anne Kane, "Reconstructing Culture in Historical Explanation: Narratives as Cultural Structure and Practice", *History and Theory*, Vol. 39, No. 3 (Oct., 2000), pp. 311-330; John R. Hall, "Cultural Meanings and Cultural Structures in Historical Explanation", *History and Theory*, Vol. 39, No. 3 (Oct., 2000), pp. 331-347; Chris Lorenz, "Some Afterthoughts on Culture and Explanation in Historical Inquiry", *History and Theory*, Vol. 39, No. 3 (Oct., 2000), pp. 348-363; Wolfgang J. Mommsen, "Max Weber's 'Grand Sociology': The Origins and Composition of Wirtschaft und Gesellschaft: Soziologie", *History and Theory*, Vol. 39, No. 3 (Oct., 2000), pp. 364-383; François Hartog, "The Invention of History: The Pre-History of a Concept from Homer to Herodotus", *History and Theory*, Vol. 39, No. 3 (Oct., 2000), pp. 384-395. 需要特别指出的是，提倡实践，不只局限在历史学研究，人类学也有体现，比如：Marshall Sahlins, *Culture in Practice: Selected Essays*, New York : Zone Books, 2000; D. Kalb and Herman Tak (eds.), *Critical Junctions: Anthropology and History Beyond the Cultural Turn*, New York & Oxford: Berghahn Books, 2005.

② Miguel Ángel Cabrera, *Postsocial History: An Introduction*, translated by Marie McMahon. Lanham, Md.: Lexington Books, 2004. 中译本见米格尔·卡夫雷拉：《后社会史初探》，李康译，北京大学出版社2008年版。本文所引页码，若无特别说明，皆出自中译本。

方史学界以及历史社会学领域的热议，当然批评者也不在少数。但不管是批评还是支持，"后社会史学"所引起的热议，无疑表明这是值得史学界反思与讨论的研究动向。但是根据笔者所掌握的信息，国内史学界对"后社会史"的关注略显不足，几乎没有专题论文予以讨论。[①]鉴于此，笔者将从理论旨趣、概况框架等几个主要方面对"后社会史"做一番简要的评述。不过需要特别说明两点，首先，尽管卡夫雷拉提出"后社会史"这个概念与已逾10年，但这并不代表该史学范式已赢得了学界的共识，相反，迄今为止它依旧处于形成过程之中。为此，笔者不揣浅见，将简要评析此范式对今后历史学的经验研究和理论探索的启发，但囿于学识，必有疏漏甚或妄言之处，还望方家指正。其次，"后社会史"建立在对后现代主流理论的反思之上，有着非常浓厚的理论色彩以及独到的概念体系，因此，需要一定的篇幅全面梳理并阐释其理论架构。

《后社会史初探》一书结构清晰，逻辑严谨。第一章结合现代性兴衰的背景，以社会实在－主体观念领域关系为线索，梳理从传统史学到新文化史的演变，从中挖掘出调和主客体关系，并不断建构主体能动性的理论动向。第二章提出后社会史的基本理论框架，以其特有的话语概念为核心，通过话语的双向建构作用，勾连社会实在与主体观念，从而提出"实在－话语－观念"这一三元图式，取代先前的主客体二元模式。第三章和第四章围绕上述三元模式，集中分析话语对社会实在的建构、主体认同的建构作用，并援引有关阶级和阶级行动的新近经验研究，为其理论范式提供经验基础。第五章在综合上述内容的基础上，提出新的社会行动概念，

---

① 俞金尧研究员在多篇论文中曾提及过卡夫雷拉的《后社会史引论》一书，如俞金尧：《寸有所长而尺有所短：新文化史述评》，载《史学理论研究》2013年第2期。据笔者了解，社会学界的讨论相对更为深入，比如谢立中：《后社会学：探索与反思》，载《社会学研究》2012年第1期。

即将行动和主体的能动性视为话语中介塑造后，社会实在与主体之间产生了蕴涵意义与利益的互动之后才具备的能力。这个社会行动概念不仅是面向史学研究的，也是面向社会理论的。全书最后一章在进一步区分与新文化史和话语转向的基础上，宣称后社会史代表了历史学科的范式转型。

后社会史从知识社会学的角度，对史学史重新梳理，在这个意义上确定了自己的理论与方法论旨趣。在后社会史看来，历史科学及其赖以运作的概念框架和分析工具都是在现代社会的世界观中锻造而成的，或者更准确地说，其本身就是现代社会世界观的基本构成要素。将社会塑造成一个自在自足的自然的客体，而将历史行动者及其文化观念视为由客体决定的并受其规约的主体范畴，这正是现代性议程在学科范式发展中的一种投射。

具体来说，传统史学在很大程度上由于其视角局限于少数精英群体，因此其研究中透析的主体本身就被视为具有自主意识的个体，而与此相关的历史分析旨在把握、解释或是重演社会行动者的思想和心智世界。[①]与此相反，社会史范式下，主体性不具有自主的能动性，只不过是其所处的社会背景的反映或是表现。具有不可化约的自主性且承载了本质固有意义的，乃是社会经济领域这一客观范畴，社会被视为由一系列纵向排列的范畴组成，范畴与范畴之间由一种因果决定关系主导，以确保上下范畴之间的契合（第2页）。因此，社会史取代传统史，即实现了从主体主义的说明性范式向基于客观社会概念的因果性解释范式的转变。然而在20世纪70年代以后，社会史的解释范式便不断遭到批评，究其本质，乃是现代性危

---

① 有关传统史学的叙述策略，参见：Philippe Carrard, *Poetics of the New History: French Historical Discourse from Braudel to Chartier*, Baltimore: Johns Hopkins University Press, 1992.

机引发了对"社会"、"经济"等客观范畴的"概念祛魅"（conceptual disenchantment）（第10页），即社会所具备的决定力量的不言自明性和自主性遭到了破除，"社会范畴"的确定性难以维系，研究范式从先前的"结构因果性"逐渐转变为"各类事件的话语性质"[①]。因此，当文化成为史学研究的新宠之后，主体以及相应的行动概念也随之发生了变化。在新文化史范式下，社会结构和主体的行动与观念之间，不是决定和被决定的关系，而是交互性的或辩证性的互动关系。新文化史与社会史研究范式的根本区别表现为：社会史认为社会结构与主体行动、社会背景与思想观念之间是没有中介的，而是一种直接决定的关系，但新文化史认为两者之间是靠符号中介（symbolic mediation），即文化，加以协调的（第9页）。换言之，新文化史认为，尽管社会关系是客观的，但是只有当客观意义上的社会条件转变为经符号中介阐释的经验意义上的社会条件时，这些客观的外在因素才能发挥作用。因此，社会关系和社会存在并不是一劳永逸地确立的，而是开放的，因为它们将受到历史主体通过文化与符号中介不断地创造与再创造。借用林·亨特在其成名作《法国大革命的政治、文化与阶级》中的一段话，她认为，一方面，革命的政治文化并不能从社会结构、社会冲突或是革命者的社会认同中推演出来，政治实践也不是经济与社会利益的简单反映；另一方面，革命者通过整套的语言、想象和日常的政治活动重构了社会及社会关系，有意识地与旧制度的法国实现断裂，并为新的民族认同创建基础。[②]

---

① Geoff Eley, "Is All the World a Text? From Social History to the History of Society Two Decades Later", in Terrence J. McDonald (ed.), *The Historical Turn in the Human Sciences*, Ann Arbor: University of Michigan Press, 1996, pp. 213-214.

② Lynn Hunt, *Politics, Culture, and Class in the French Revolution*, Berkeley: University of California Press, 1984, p. 12.

从社会史到新文化史的发展集中表现在如下两方面：首先，两个基础性概念有日渐式微之感，即作为客观实在（objective reality）的社会概念，以及社会因果性观念（第26页）；其次，社会结构和社会行动、客观现实与主观范畴之间的关系变得更有弹性，更具复杂性，而不是一种僵硬的决定和被决定的关系，因此，主体在实践以及文化思想的创造中具备了更为宽泛的主动性与能动性空间。这便孕育了后社会史理论旨趣的学术背景。

后社会史的目的是在史学乃至整个人文社会科学遭受现代性危机"重创"之后，尝试提出一套新的概念范式，重新勾勒并阐释主体与客体、社会与文化之间的关系，力图超越困扰史学研究的二元结构论的桎梏。在阐述后社会史自身的理论范式之前，首先需要澄清后社会史对新文化史的批判，这有助于把握后社会史在史学理论和史学方法上的推进。在后社会史看来，新文化史的不足主要表现为其所使用的各类"符号中介"概念（如林·亨特的"政治文化"，或E. P. 汤普森的"经历"）本质上是社会实在的反映；新文化史只是提高了文化领域和人的意向性的自主性，而没有从根本上摆脱困扰社会史乃至整个社会理论的二元模式（第158页）。换言之，新文化史只不过缓和了社会存在对主体行动与选择的决定机制，但没能提供一种根本上不同于"结构因果性"的说明范式。

鉴于此，后社会史提出了一套三元图式，即"社会实在－话语－观念"（主体范畴），以取代"社会实在－主体"范畴的二元图式（第11页），通过话语的双向建构机制，以一种关系性的说明范式理解历史过去的意义生产，并重新解释社会行动的机制。后社会史的话语概念独具特色，而且是三元图式的核心所在，因此，下文从阐释其内涵出发，并通过近期的经验研究，具体剖析由话语搭建起来的双向建构机制。

需要强调的是，在后社会史的理论体系中，"话语"这个概念不同于一般意义上话语史学的界定，其所指并不是言说行为或言辞文本，[①]而是一整套的范畴、概念和原则的整合体（coherent body）。个人根据这套概念体来领会（apprehend）和认识（conceptualize）[②]社会实在，并在特定的历史情境中贯彻其实践。具体来说，话语是有关可见性（visibility）、说明性（specification）和分类化（classification）的概念架构（conceptual grid）；个人借助话语赋予社会背景以意义，理解自身与这些背景的关系，并以此将自身界定为主体和行动者，从而调控和规范自己的社会实践（第30页）。从这个意义上来说，话语界定了个体经验的范畴与具体内涵，即什么是可以被经验到的，而这种经验又能投射、蕴含什么样的意义从而影响（或是允许，或是阻碍）什么能够说，什么能够做（第33页）。

这个定义可以说融聚了后社会史的"理论精华"，具体分析，有三个要点。首先，话语本质上是一种认识论图式，不仅促成了事物的显现或"不显现"，并决定了看待事物的特定的方式，而且也将周遭的事实塑造为有意义的，且对个体有利害关系的存在（第60页）。社会实在本身既非一个固定的事实，也不是"从来就在那儿"的（第44页），而是被鲜活地显现出来的，是某种观看或留意社会世界的特定方式的结果（第61页）。话语是这一过程的积极的构建要素。比如哈金的研究表明，虐待儿童本不是一种实际存在的事实，它被客体化，并被赋予目前所承载的意义，乃是一系列分析范畴和价值范畴加诸其上的结果，以至于将某些先前不为人所

---

① 话语转向，如：Gabrielle M. Spiegel, *Practicing History: New Directions in Historical Writing after the Linguistic Turn*, New York, NY: Routledge, 2005; Elizabeth A Clark, *History, Theory, Text: Historians and the Linguistic Turn*, Cambridge, Mass.: Harvard University Press, 2004.

② 此处据原著有所修改，与中译本略有不同。

留意的或遭到压制的事件转变为道德和法律上应当遭到谴责的事实。[①]因此，社会实在（比如社会、经济等概念）首先不能被视为是对某个客观现象的独立于话语本身的指称性标签，而是一种具有历史特定性的认识方式，是通过意义构建而被组织起来的特定的认识论对象。

要点之二在于后社会史修正了主体的概念，否认主体范畴的自然属性。后社会史认为人要成为积极能动的行动者，首先需要完成对自身的界定，即建立自我认同，此外也需要界定自身与周遭世界的关系，这便是主体化（subjectivization）的过程。在后社会史看来，预设这一主体化过程的，乃是在特定的历史语境下通行的话语模式，这决定了主体化的标准与模式，锻造了人们的自我感知，并将他们最终转变为特定背景中的主体和行动者（第93页）。贝克关于旧制度话语体系演变的经验研究揭示了这个主体化锻造的过程。根据他的研究，第三等级要摆脱从属性的地位，成为政治的主体，原因不是他们拥有共同的社会处境，而是劳动－国族这一范畴对等关系发挥作用的结果，具体来说，只有当劳动/财产这类话语成为通行的模式，并且生产性活动被塑造成国族身份的基本标准之后，第三等级才具备对抗特权等级的政治主体身份。[②]换言之，这一主体身份显然是通过后社会史意义上的"话语"才得以显露的。

要点之三是后社会史提出了思考行动的新概念。后社会史认为，社会背景和客观实在只有在经过话语的客观化效应之后，才能对行动主体

---

① Ian Hacking, "The Making and Molding of Child Abuse", *Critical Inquiry*, Vol. 17, No. 2 (Winter, 1991), pp. 253-288.

② Keith Bake, *Inventing the French Revolution*, Cambridge; New York: Cambridge University Press, 1990. 贝克在近期的研究中，将这套理论阐释得更为明晰，参见：Keith Baker, "Enlightenment Idioms, Old Regime Discourses, and Revolutionary Improvisation", in Thomas E. Kaiser and Dale K. Van Kley (eds.), *From Deficit to Deluge: The Origins of the French Revolution*, Stanford: Stanford University Press, 2011, pp. 165-197.

发挥作用，而且这种决定作用及其后果也取决于被客观化的特定的方式。所以，行动的根源不是社会背景，而是经话语中介而得以客观化的存在（第125页）。因此要说明特定社会背景下的社会行动，首先要分析的不是社会背景或社会经历，而是理解把握社会背景，并将自身塑造为主体，由此进入主体与蕴涵意义的社会背景互动关系的那些话语范畴。正是因为社会行动与社会背景和客观实在之间是通过特定的话语中介得以关联，同样的社会存在未必就会产生相似的社会行动或期待。社会行动与社会存在之间便构建了一种更具弹性，因而也更具历史性的关联。休厄尔对1793年和1848年社会饥荒的比较研究便证明了这一点。①面对相似的饥荒，1793年的无套裤汉与1848年的工人提出了截然不同的诉求，其实践方式也大相径庭。无套裤汉呼吁革命政府应颁布峻法，严惩囤积商人；而1848年的工人则呼吁改革劳工组织，迫使雇主签订更有利于他们的工资单。休厄尔认为，之所以会有此不同，原因在于无套裤汉和工人理解和把握社会背景的话语意指框架是不同的。对前者而言，饥荒乃是"恶人"扭曲了自然的善意，因为自然永远是丰裕富足的；而在1848年的工人看来，饥荒则是雇主与工人之间权力不对等的结果。

本质上，后社会史的话语观念实则是一套关于意义生产的关系理论（第38页）。在后社会史看来，无论是社会实在，还是主体领域，都不是一种"自然的"存在，而是经话语中介形成的富有意义的特定的存在。举例来说，在拉克劳与墨菲的阶级分析中，工人的阶级觉悟和社会革命并不是工人阶级生存状态的直接结果，而有赖于他们通过剥削、阶级和社会革

---

① William Sewell, Jr., "The Sans-Culotte Rhetoric of Subsistence", in *The French Revolution and the Creation of Modern Political Culture*, Vol. 4: *The Terror*, edited by Keith M. Baker. Oxford: Pergamon, 1994, pp. 249-269.

命等一整套话语对社会实在的理解，并最终将他们的处境概括为有待解决的"社会经济问题"。所谓关系性，意思是对社会实在和主体认同的意义建构，乃是相互形塑且不可分割的整体，是一个共时性过程的组成部分，换言之，蕴涵意义的社会实在与主体领域都是借助话语这一中介同时诞生的。话语既赋予人们在社会背景中所占据的位置以某种特定的意义，同时也锻造了与此相关的自我认知与自我界定（第四章第一节）。

虽然后社会史强调话语的重要性，但是需要澄清三点。首先，后社会史不是建构论，与激进的话语史也不同，它并不否认作为一种物质性存在的社会实在，也不认为在话语之外别无其他真实的存在。后社会史所否认的是这样一种观念，即社会实在的意义是其本身所固有的，而主体领域乃是社会实在的反映或投射（第84页）。借用一个简单的比方，社会实在好比是砖，主体范畴——包括观念、行动等——好比是房子，砖在任何意义上都无法预设房屋的本身，因为房子是依据设计蓝图建造起来的。蓝图就是后社会史所谓的话语，它建构了砖得以组织和结构起来的框架（第59页）。砖和房子之前并不存在决定性的因果关联。第二，后社会史与新文化史有本质区别，因为话语与后者倚重的"符号中介"本质不同，这是一个自在且自足的范畴，既不完全服从于社会实在，也不全是主体的理性的创造（第52页）。话语不仅本身就有一套完整的真真切切的意义体系，有一套独有的历史运作与传承的方式，而且在历史过程的型构中，也是作为一项独立的变项在运作。就意义的表达而言，话语的功能归根结底既不是传递性的，也不是表述性的，而是构成性的（第30页）。最后，话语的建构作用不是一种决定论，因为话语的意义是偶变的、不定性的，也就是说，社会实在与主体之间的相互形塑与构建本身是历史的、情境性的。正如英国史家乔伊斯在分析"阶级"这个概念时所指出的，首先，阶级认同是一种具有现代特色的历史现象，只能作为现代社会中社会行动的一种有效的手段而存在并发挥作用。换言之，在其他情况下，尽管可能存在阶级区分，但未必存在阶级认同，很大程度上是因为话语条件不利于阶级成为一种认同的客体。①

总体上，与先前的诸多史学范式相比，后社会史有几个显著的特点，且颇具启发性。首先，后社会史在紧扣现代性危机这一宏大背景下，②对传统史学到新文化史的演进脉络重新进行了梳理，并依照知识社会学的视野，以学科史的方法，不仅剖析了史学范式的脉络传承，更重要的是揭示了奠定这些发展的知识论基础。这一思路，无疑有助于拓宽史学理论的视野，更清楚地展现了历史学与整个社会科学之间理论与理念上的互动，借此摆脱了先前仅聚焦历史研究对象的史学史书写传统的局限。

其次，后社会史是基于历史学本位，对后现代主流社会理论的综合。③在《后社会史初探》一书中，不难发现很多后现代的社会理论术语，如"结构化"（吉登斯）、"场域"（布迪厄）、"询唤"（inter-pellation, interpellate, 拉康）、社会想象（查尔斯·泰勒）以及斯科特的后结构主义性别理论，拉克劳和墨菲引领的"后马克思主义"也为后社会史提供了重要的经验启示。在综合并反思后现代社会理论的基础上，后社会史更希望能通过其所阐发的三元图式理论及其相关的经验研究，将超越结构功能主义和二元论、重塑主体的主体性与能动性，作为其核心的理论诉求。

---

① P. Joyce (ed.), *Class*, Oxford, U.K.; New York: Oxford University Press, 1995, p. 6.

② 但不得不承认，卡夫雷拉在此书中对所谓的"现代性危机"着墨不多。这是一大缺憾。

③ 有别于较为狭隘的社会学理论，在此处，社会理论是广义上对社会功能及结构的反思。

　　此种理论旨趣与理论定位，不仅社会史传统不曾有，在新文化史中也一样缺席。因为社会史将社会科学奉为圭臬，视为自身科学化的"楷模"，而新文化史从文化人类学和文学批评中汲取灵感，以期摆脱对社会科学过度依赖，希望重拾"人文主义"的精神。但无论是社会史还是新文化史，不仅史学的地位是从属性的，而且两者本身均无独立的理论模式。与此不同，后社会史则在综合的基础上，提出了一套不仅有别于后现代社会理论，而且体系更为完整、关系更为明确的概念框架，并将后现代社会理论的核心问题置于史学经验研究中。换言之，史学不再只是唯社会科学"马首是瞻"，而且也检验社会理论，并通过史学的研究回应共同的理论问题。

　　最后，也是最重要的，即根据后社会史的理论设定，史学研究的重点有所改变。如前所述，既然只有经话语的积极建构，主体与客体才能具备蕴涵意义的相关性，即完成"主体化"和"客体化"的双重过程（第61页），那么史学研究的首要对象，自然就不是社会实在（即社会背景、社会经济等），也不是反映社会实在的主体范畴（如文化、思想、主体的行动等），而是"界认、具体说明和揭示在各个事例中运作的范畴的意义体系"，这意味着历史研究需要准确分析个体及其社会物质存在条件之间的话语中介过程的角度/术语，评估那种中介过程对于塑造实践和社会关系所发挥的实践效应（performative effects）（第162页）。①正如历史社会学家别尔纳茨基在《超越文化转向》中所呼吁的，史学应当更关注实践的隐含图式，而不是有关实践的表征，或用于实践的表征（representa-

---

　　① performative effects中译为"述行性效应"。

tions）。①具体来说，需要考察前后话语系统之间的传承与否弃关系，以及每套话语体系内在的固有的张力，此种张力势必会在"某个时间节点"上成为自身转型的根源（第52、38页）。此外，还需要审慎地考察话语体系始终面临的潜在风险，风险既来自竞争性的话语体系（第39页），也来自主体的即兴发挥（第54页）。

后社会史是否代表了历史科学的新的范式转型（第158页），还有待时间的检验。但不论如何，《后社会史初探》一书的问世表明，自20世纪90年代林·亨特和维多利亚·邦内尔呼吁"超越文化转向"以来，西方学界业已在总结20世纪史学发展得失的基础上，尝试开辟新的研究范式。

这种尝试对国内学界的研究具有一定的启发意义。首先，后社会史宏大的理论视野有助于我们从历史学的本位出发，系统地把握并反思20世纪80年代以来西方社会理论、文化人类学以及马克思主义理论的发展动态。其次，与那种抛弃实在论，转向纯粹建构论的后现代思潮不同，后社会史是对经典的社会史研究范式的继承与发展。卡夫雷拉选择"后社会史"来命名这一新兴的研究方式，即表明他非但没有抛弃社会史的传统，反而从社会史研究，尤其是劳工研究和阶级研究中获取了丰富的理论灵感与经验反思。后社会史所提倡的三元图示，以及借用的砖、蓝图和房子这一比喻，不仅非常生动地展示了社会实在、话语框架和观念文化之间既相互独立，又无法分离的辩证关系，也有效地避免了后现代理论影响下史学研究碎片化的通病。因而，后社会史理论的最大贡献在于：它不仅从僵化的决定论和结构主义框架中拯救了历史主体的能动性，而且提供了一种从复杂

---

① Richard Biernacki, "Method and Metaphor after the New Cultural History", in *Beyond the Cultural Turn: New Directions in the Study of Society and Culture*, edited by Victoria E. Bonnell and Lynn Hunt, Berkeley and Los Angeles: University of California Press, 1999, p. 75.

的、历史的和多变的角度，分析社会转型、工人运动以及阶级意识形成等
重要历史问题的有效的研究模式。这样的研究范式所带来的史学前景无疑
值得期待。

所收文章原发表信息

1. 汤晓燕：《从挂毯图像到性别史研究——浅析中世纪晚期至文艺复兴早期法国挂毯艺术中的女性新形象》，《社会科学战线》2018年第11期，第128–141页。

2. 汤晓燕：《十七世纪法国时尚的诞生》，《光明日报（理论版）》2018年4月16日第14版。

3. 汤晓燕：《〈萨利克法典〉的"神话"与法国无女性继承王位之传统》，《世界历史》2017年第4期，第60–73页。

4. 汤晓燕：《16–17世纪法国女性摄政与君主制的发展》，《史学集刊》2017年第3期，第141–151页。

5. 汤晓燕：《18世纪法国思想界关于法兰克时期政治体制的论战》，《中国社会科学》2018年第4期，第177–202页。

6. 汤晓燕：《"全景式"文化史研究的新尝试》，《史学理论研究》2013年第4期，第133–138页。

7. 汤晓燕：《〈年鉴〉杂志与法国历史研究的新动向——法国社会科学高等研究院安托万·里勒蒂教授访谈》，《史学理论研究》2018年第2期，第149–157页。（采访以法文及英文进行，浙江大学杨磊对成稿后的文章做了后期翻译并补充了相关信息，在此表示感谢！）

8. 汤晓燕：《评卡夫雷拉〈后社会史初探〉》，《史学理论研究》2017年第3期，第151–156页。

图书在版编目（CIP）数据

写意政治：近代早期法国政治文化中的性别、图像
与话语 / 汤晓燕著. — 杭州：浙江大学出版社，2019.6
ISBN 978-7-308-19171-5

Ⅰ.①写… Ⅱ.①汤… Ⅲ.①政治文化—文化史—研
究—法国—近代 Ⅳ.①D756.5

中国版本图书馆CIP数据核字（2019）第099224号

写意政治：近代早期法国政治文化中的性别、图像与话语
汤晓燕　著

责任编辑	谢　焕
责任校对	仲亚萍
封面设计	水墨文化
出版发行	浙江大学出版社
	（杭州天目山路148号　邮政编码：310007）
	（网址：http://www.zjupress.com）
排　　版	浙江时代出版服务有限公司
印　　刷	杭州钱江彩色印务有限公司
开　　本	880mm×1230mm　1/32
印　　张	6.75
字　　数	166千
版 印 次	2019年6月第1版　2019年6月第1次印刷
书　　号	ISBN 978-7-308-19171-5
定　　价	48.00元